平话法律丛书

重大行政决策监督法治化研究

王小萍◎著

本书出版获得山西财经大学法学专项基金（项目编号：2019FXZX04）支持。

Research on the Legalization of Supervision over Making Significant Administrative Decisions

经济管理出版社
ECONOMY & MANAGEMENT PUBLISHING HOUSE

图书在版编目（CIP）数据

重大行政决策监督法治化研究 / 王小萍著. —北京：经济管理出版社，2019.10
ISBN 978-7-5096-4472-0

Ⅰ.①重… Ⅱ.①王… Ⅲ.①行政管理—行政法—研究—中国 Ⅳ.①D922.114

中国版本图书馆 CIP 数据核字（2019）第 285172 号

组稿编辑：王光艳
责任编辑：李红贤　丁凤珠
责任印制：黄章平
责任校对：赵天宇

出版发行：经济管理出版社
（北京市海淀区北蜂窝 8 号中雅大厦 A 座 11 层　100038）

网　　址：	www.E-mp.com.cn	
电　　话：	（010）51915602	
印　　刷：	北京晨旭印刷厂	
经　　销：	新华书店	
开　　本：	720mm×1000mm /16	
印　　张：	12.5	
字　　数：	180 千字	
版　　次：	2019 年 12 月第 1 版　2019 年 12 月第 1 次印刷	
书　　号：	ISBN 978-7-5096-4472-0	
定　　价：	68.00 元	

·版权所有　翻印必究·

凡购本社图书，如有印装错误，由本社读者服务部负责调换。
联系地址：北京阜外月坛北小街 2 号
电话：（010）68022974　邮编：100836

前 言

1987年10月,党的十三大确立了依法治国、建设社会主义法治国家的基本方略,1999年3月,九届全国人大二次会议将"依法治国,建设社会主义法治国家"载入《宪法》。依法行政是依法治国的重要组成部分,在很大程度上对依法治国基本方略的实施具有决定性的意义。为促进依法行政的发展,1999年11月国务院发布了《国务院关于全面推进依法行政的决定》(国发〔1999〕23号),提出全面推进依法行政,从严治政,建设廉洁、勤政、务实、高效政府。之后,行政决策法治化探索开始启动,2004年3月国务院印发了《全面推进依法行政实施纲要》(国发〔2004〕10号)(以下简称《纲要》),确立了建设法治政府的目标,明确了今后十年全面推进依法行政的指导思想和具体目标、基本原则和要求以及主要任务和措施。该《纲要》首次正式提出了政府决策法治化问题,之后,学界、政府部门在迄今为止长达十余年的时间里,自上而下进行了一系列的行政决策法治化的理论与实践的探索。

从目前我国行政决策法治化的现状看,行政决策法治化的推进工作卓有成效,特别是在地方政府决策法治化层面取得了重大进展,制定了一系列有关政府重大行政决策的规章和规范性文件,依此开展了一系列行政决策法治化实践探索。在地方立法和实践准备的基础上,国务院法制办公室启动了重大行政决策立法程序,于2017年6月9日向社会发布了《重大行政决策程序暂行条例(征求意见稿)》,为期一个月向社会各界公开征求意见。2019年5月8日授权新华社发布了由李克强总理4月20日签署命令(国务院令713号)的《重大行政决策程序暂行条例》(以下简称《条例》),自2019年9月1日起施行。该《条例》的发布表明政府自下而上的立法实践活动已经从地方推进到中央层面,我国重大行政决策法治化进入了一个新的发展阶段。纵观行政决策法治化的整体推进,是从无到有且达到了一定的广度和深度,所取得的立法和实践经验体现在了颁布的《条例》中，但在制度的构建等方面依然处于初步阶段，突出的特点是整体上还是一个框架性的规定，为各地方具体立法提供了空间也提出了相应的要求。究其原因：一是法治政府建设整体发展完善需要一个长期探索的过程，重大行政决策立法呈渐进发展状态；二是对重大行政决策法治化的认识还需要进一步深化，需要深入研究行政决策法治化的基本理论和实践问题。其中重大行政决策监督法治化研究属于薄弱环节，从监督角度对这一问题研究的展开还需要进一步加强。围绕监督问题的深入研究对促进重大行政决策法治化发展水平有非常重要的理论和现实意义。作者对重大行政决策监督法治化这一问题的研究，是基于现实的迫切需要，是建立在我国宪法理论、法治政府理论以及部门行政法的行政法治监督理论基础之上的。

  监督制度的产生基于分权制衡学说的产生与发展，有限政府、代议政府、一切权力属于人民即人民主权等理论，成为监督行政权力的基础，监督行政权力的制度在法治国家建设实践中全面构建。行政决策是涉及国家管理及社会治理各类重要内容的事项，而决策权在现代社会极度扩张，广泛影响了公民、法人和其他社会组织的权利与利益。为保证行政决策目标、任务的实现，保障相关利益者的权益，提高行政决策的效能，需要对行政决策进行严格监督。国外学者从政治学、行政管理学、公共政策学、法学等多学科视角对行政决策监督问题进行了较为广泛深入的理论研究，为作者认识和分析重大行政决策监督问题提供了重要的理论参考；国内学者结合我国宪法、行政法理论和实践展开的重大行政决策法治化研究，也为作者提供了重大行政决策监督研究的中国视角。2004年3月国务院印发《全面推进依法行政实施纲要》，建立健全科学民主决策机制成为依法行政的基本要求，学者对这一问题的关注增多；2008年发布的《国务院关于加强市县政府依法行政的决定》（国发〔2008〕17号），提出要充分认识加强市县政府依法行政的重要性和紧迫性，完善市县政府行政决策机制；2010年发布的《国务院关于加强法治政府建设的意见》（国发〔2010〕33号），提出加强行政决策程序建设，健全重大行政决策规则，推进行政决策的科学化、民主化、法治化，坚持依法科学民主决策成为法治政府的重要内容；2014年发布的《中共中央关于全面推进依法治国若干重大问题的决定》，对依法健全决策机制作出更为全面的要求，明确提出把公众参与、专家论证、风险评估、合法性审查、集体讨论决定确定为重大行政决策法定程序，建立行政机关内部重大行政决策合法性审查机制、责任倒查机制以及终身责任追究制度。对重大行政决策的研究成为多学科持续关注的热点。法学学者主要着力于重大行政决策程序、合法性审查、责任追究、风险评估和公众参与等方面的研究，并形成了初步的成果。这些成果更多体现在重大行政决策程序理论及构建的相关制度中，这为认识和解决具有中国特色的法治理论和宪法体制框架之下的重大行政决策监督问题提供了新的认识视角和思路。

  本书的写作基于作者承担的2016年山西省法学会立项的重点课题"重大行政决策监督机制研究"，在课题研究的基础上，试图从监督角度探究重大行政决策法治化问题。对这一选题研究的初步设想是：以法治和法治化为背景，从重大行政决策立法与实践的发展过程对行政决策监督展开研究；从行政法的角度，先就重大行政决策内部程序监督着手，以行政法学的行政法制监督理论或监督行政理论为基础展开对这一问题的研究，重点分析合法性审查和终身责任追究制度；除阐述行政系统内部监督之外，还要建立对政府重大行政决策的外部监督机制，包括政党监督、权力机关监督、监察机关监督、司法机关监督、社会监督等。因此，对重大行政决策监督的研究会涉及宪法规定的国家权力、公民权利、政党制度与政党活动等宪法领域的问题。所以，研究从行政法角度出发但不限于行政法领域，会较多地涉及宪法领域的问题。在此基础上，结合近年来政府重大行政决策程序法治化发展的实践和理论界对这一问题的认识深入探讨，特别是2019年国务院《重大行政决策程序暂行条例》的公布，促使作者进一步深入研究重大行政决策的监督问题。由于重大行政决策本身的复杂性，需要从多角度、多维度去研究这一问题。具体从我国重大行政决策程序法治化发展过程，即政策文件引导—地方立法发展—中央立法出台的线路展开对这一问题的研究；从宪法理论、法治政府和行政法制监督理论的多重视角，以监督为切入点逐步深入，试图通过更为深入的工作以填补学界对这一问题研究的不足；也期望能对其他角度的研究有一个回应，能够为行政决策的立法和实践提供有价值的参考，促进行政决策机关依法、科学、民主地做出重大行政决策，最大限度地避免重大行政决策的失误，预防决策腐败的发生。

目 录

引 言 从对一个基层行政决策实例的分析开始 …………… 001
 一、H县概况 …………………………………………… 002
 二、双孢菇项目的决定与实施过程 ……………………… 002
  （一）决策项目动议的提出 …………………………… 002
  （二）决策项目的决定步骤和方式 …………………… 003
  （三）决策项目实施的过程和结果 …………………… 003
 三、双孢菇项目决策失败的原因及其启示 ……………… 004
  （一）决策项目运行的法治背景 ……………………… 004
  （二）决策项目失败的原因 …………………………… 005
  （三）决策项目失败的启示 …………………………… 007

第一章 非法治化表征理论与行政决策法治化要求 ………… 009
 一、行政决策非法治化表征理论分析 …………………… 009
  （一）以决策者权力为中心作出决策 ………………… 009
  （二）以决策者执政需求为目标作出决策 …………… 011
 二、行政决策非法治化的原因分析 ……………………… 012
  （一）理论上行政法学对行政决策研究回应不足 …… 012
  （二）制度层面缺乏对行政决策的规定 ……………… 014
  （三）实践层面将行政决策作为行政的内部行为 …… 015
 三、行政决策法治化要求的基本方面 …………………… 016
  （一）法治与法治化的含义 …………………………… 016
  （二）行政决策法治化的基本要求 …………………… 021

第二章 重大行政决策及其监督理论概述 ········· 024

一、重大行政决策的概念、特征、性质和范围 ········· 024
（一）行政决策的概念和特征 ········· 024
（二）重大行政决策的概念和特征 ········· 026
（三）重大行政决策的性质和范围 ········· 031

二、重大行政决策监督的内涵、特征、分类与功能 ········· 035
（一）重大行政决策监督问题的提出 ········· 035
（二）重大行政决策监督的内涵与特征 ········· 037
（三）重大行政决策监督的分类与功能 ········· 038

三、重大行政决策监督的理论基础 ········· 040
（一）人民代表大会制度理论 ········· 040
（二）法治政府理论 ········· 041
（三）行政法制监督理论 ········· 043

第三章 重大行政决策及其监督地方立法的发展与分析 ········· 045

一、重大行政决策地方立法的探索与发展 ········· 045
（一）地方立法探索的开始 ········· 045
（二）地方立法探索的发展 ········· 046

二、关于重大行政决策地方立法状况的梳理 ········· 050
（一）立法时间和地域分布 ········· 050
（二）立法形式和制定主体 ········· 053
（三）立法的主要内容 ········· 054

三、对地方重大行政决策监督立法的分析 ········· 059
（一）从立法一般层面的分析 ········· 059
（二）从立法监督角度的分析 ········· 061

第四章 重大行政决策及其监督的中央立法评析 ········· 066

一、重大行政决策中央立法的发展 ········· 066
（一）重大行政决策中央立法的准备 ········· 066
（二）重大行政决策程序中央立法的前期运行 ········· 071

二、重大行政决策中央立法的主要内容 ········· 073

（一）《重大行政决策程序暂行条例》的出台 …………… 074
　　（二）《重大行政决策程序暂行条例》的主要内容 ……… 074
三、对《重大行政决策程序暂行条例》的评析……………………… 075
　　（一）《重大行政决策程序暂行条例》的亮点 …………… 075
　　（二）与"征求意见稿"的比较分析 ……………………… 078
　　（三）从重大行政决策程序监督角度的审视 ……………… 083

第五章　重大行政决策监督机制及其协调 …………………… 091

一、对重大行政决策监督的认识……………………………………… 091
　　（一）行政权力监督的多学科探究 ………………………… 091
　　（二）加强对重大行政决策的监督 ………………………… 093
二、对重大行政决策监督多视角的分析……………………………… 096
　　（一）政党监督的角度 ……………………………………… 096
　　（二）宪法体制的角度 ……………………………………… 098
　　（三）行政自制的角度 ……………………………………… 100
　　（四）公众参与的角度 ……………………………………… 104
三、重大行政决策内部与外部两个维度监督的协调………………… 107
　　（一）重大行政决策内部监督 ……………………………… 107
　　（二）重大行政决策外部监督 ……………………………… 109
　　（三）内部监督与外部监督的关系 ………………………… 110

第六章　重大行政决策监督制度的系统构建 ………………… 112

一、行政机关系统内部的监督制度体系……………………………… 112
　　（一）重大行政决策合法性审查制度 ……………………… 113
　　（二）重大行政决策责任追究制度 ………………………… 118
　　（三）重大行政决策审计监督制度 ………………………… 123
二、行政机关系统外部的监督制度体系……………………………… 125
　　（一）重大行政决策政党监督 ……………………………… 126
　　（二）重大行政决策人大监督 ……………………………… 128
　　（三）重大行政决策监察监督 ……………………………… 132
　　（四）重大行政决策司法监督 ……………………………… 134
　　（五）重大行政决策社会监督 ……………………………… 137

第七章　结　语 …………………………………………… 144

参考文献 …………………………………………………… 146

附录1 ……………………………………………………… 154

附录2 ……………………………………………………… 166

后　记 ……………………………………………………… 174

引 言
从对一个基层行政决策实例的分析开始

从对重大行政决策问题关注开始，作者便到基层开展调研活动，在某省 H 县了解基层政府作出重大行政决策的有关问题。对该县较早时期的一个决策项目——双孢菇种植项目决策、实施过程进行了全面调研，了解到双孢菇种植项目重大行政决策决定、实施的整个过程①。作为一个重大行政决策的实例，可以基本反映当时 H 县一级政府重大行政决策的全貌，具有一定的代表性。这个于 20 世纪 90 年代末作出的基层县级人民政府的行政决策，反映了我国在过去相当长的时间里，行政决策从非法治化的情形向法治化转变过程中的特殊样态②。通过对这个案例的具体呈现和分析，揭示行政决策非法治化的原因，进而对行政决策的法治化问题进行探究。在本书的开始，以此为例展开分析，也是要将重大行政决策法治化问题放在一个历史纵深的视角进行考察。

---

① H 县双孢菇种植项目的重大决策，严格地讲并不是一个完全的行政性决策。重大行政决策从一开始并非政府机关在党委领导下的独立行为，而是多重权力合力的结果。但从组织和实施的过程来看，可以认定为一个行政决策行为，也可以说是在当时特定历史条件下的行政决策行为，且由于该决策涉及人口众多、财政投资巨大，应属于重大行政决策。

② 学者卓泽渊将中国法治现实发展的历程分为准备、起步和形成三个阶段。准备阶段是从 1978 年到 1993 年，1982 年宪法及其 1988 年修正案是这一阶段法治发展状况的标志。起步阶段是 1993 年到 2010 年，这一阶段的起点可以确定为 1993 年 3 月第八届全国人民代表大会第一次会议《中华人民共和国宪法修正案》的产生，"国家实行社会主义市场经济""国家加强经济立法，完善宏观调控""国家依法禁止任何组织或者个人扰乱社会经济秩序"，从而开启了市场经济下的法治建设；之后 1996 年第八届全国人大第四次会议制定的国民经济和社会发展"九五"计划和 2010 年远景目标，明确提出到下世纪（21 世纪）初要初步建立社会主义法治国家，到 1999 年 3 月全国人民代表大会又对 1982 年宪法进行了修改，将法治与法治国家予以确认，法治的目标意义更加突出。形成阶段是 2010 年开始到 2050 年。参见卓泽渊：《法的价值论》，法律出版社 1999 年版，第 310-312 页。

一、H 县概况

H 县为省级贫困县，地处某省中南部、太岳山南麓，县域面积 1206 平方公里（位于东经 111°47′45″~112°11′10″，北纬 36°2′~36°34′），行政区划为 4 镇 3 乡 111 个行政村，总人口不足 10 万，其中农业人口为 6.9 万。县域全境主要为丘陵、旱垣，耕地总面积 33 万亩，其中旱地 31 万亩，农作物播种面积约 27 万亩。农业发展基础薄弱，农作物以玉米、小麦、谷子和核桃为主，豆类、薯类、棉花、油料作物等为辅，粮食平均亩产处于较低水平，常年平均亩产粮食在 150~200 公斤，农民收入微薄。县域经济以煤、焦产业为主，该产业对县财政、GDP 的贡献率长期稳定在 80% 以上。以丘陵、旱垣为主的 H 县境内，属大陆季风气候，年平均气温为 11.8℃，气候温和，光照充足，无霜期长（年平均 183 天），四季分明，降雨适中。从自然气候上讲，十分适宜双孢菇的生长。

二、双孢菇项目的决定与实施过程

（一）决策项目动议的提出

县委、县政府为促进农业产业化发展，增加农民收入，进行种植结构调整，立足发展适合本地自然环境特点的高效农业，决定上双孢菇种植项目。1998 年县委、县政府组团赴山东对双孢菇产业进行了考察，并于当年 7 月引进技术，建造塑料大棚温室 11 个，试种 2000 平方米获得成功，每平方米产量达 6 公斤以上，所产鲜菇品质优于南方各省及北方产地山东，也取得了较好的经济效益，产生了极大的示范效应。

1999 年县委、县政府在总结试点经验的基础上，提出了全面启动双孢菇种植项目的建议，拟将该项目作为 H 县农业的拳头产业发展。通过政府财政补贴菌种、棚室材料、建企促销等方式鼓励农民广泛种植双孢菇。拟定在三年内建成双孢菇大棚 5000 个，年产菇 8000 吨，建设双孢菇现代化加工销售企业一家，成为省内最大的双孢菇生产基地县，摘掉贫困县的帽子。该项目预计三年内的财政补贴达 3000 万元，达效后年产值 3000 万元，惠及农户人口2万至3万人，人均增收不低于1000元，获得经济、社会发展和生态保护的多重效益。

（二）决策项目的决定步骤和方式

双孢菇种植项目动议全面启动，涉及人口多、资金数额大，关系到全县6万多农业人口的利益，涉及3000万元财政资金的使用。从当时的情况看，作为一个传统的农业县，如此规模的农业产业化是第一次，3000万元财政资金的使用实属投资巨大。有资料显示，2002年H县全年财政总收入达6001万元[①]。H县县委、县政府对此项目高度重视，决策过程也十分谨慎，主要经过了三个阶段。

一是请专家论证。当时邀请多位省内外高等院校和农科院专家到H县考察指导，充分听取专家的意见。考察之后的专家们均积极向县委、县政府推荐双孢菇产业项目，认为H县具备这一产业发展得天独厚的自然条件。这一过程是一个科学论证过程，解决的是双孢菇种植项目的科学问题。

二是依照有关规定征求意见。根据当时H县《政府工作规则》的要求，决定该项目由县委牵头，提交县"四大班子"，即县委、人大、政府、政协主要领导会议共同决定。决策形成前将决策方案的草案印发县"四大班子"主要领导和县直各部门、乡镇领导，征求意见建议的时间长达一个月。意见建议由县政府组织整理汇总，汇总结果基本上没有反对意见，多是一些建议，如资金倾斜、政策扶持、产品促销、人员推介，等等。但双孢菇产业大发展决策没有向社会公开并征求意见和建议。

三是决策由集体会议作出。该项目决策最终提交县"四大班子"主要领导召开会议共同决定。决策会议召开7日前，决策草案印发给全体参会人员。根据《政府工作规则》要求，决策会议应有2/3以上"四大班子"成员参加会议方可召开，应由2/3以上参加会议成员同意方可形成最终决策。整个决策过程符合《政府工作规则》要求。

（三）决策项目实施的过程和结果

1999年该项目在总结试点经验基础上开始启动，按照决策方案，通过

[①] 2002年H县全县粮食总产42110吨，国内生产总值58115万元，财政收入6001万元，农民人均纯收入2128元。参见H县《有机双孢菇生产基地建设项目立项投资可行性分析报告》。

实施政府补贴菌种、棚室材料、技术培训、建企促销等措施鼓励农户种植。1999年双孢菇种植面积达400棚，2000年发展到1000棚，2002年建成双孢菇大棚5000个，年产菇近8000吨，年产值近3000万元。县政府为解决菇农产品销路问题，促进产业化发展，2000年引进天利生物有限公司兴建双孢菇加工厂，统一收购加工销售，解决了菇农销菇难问题。

但随着H县政府为期三年财政补贴的到期，没有后续资金的投入，种植户的积极性逐渐下降，双孢菇种植开始萎缩，种植数量和产量逐年下降，到2008年双孢菇种植项目三年实施期结束时所形成的产业能力在H县已基本消失，只存在零星的种植户。可以说以政府为核心推进的双孢菇种植项目的决策及其实施以失败告终，其失败的标志在于虽然决策已经执行完毕，但决策所预期的种植规模效应却没有持续，已形成的产业能力无法维持和发展，农民普遍增收的结果没有实现，决策所期望的双孢菇产业化发展、成为本省最大的双孢菇生产基地县、摘掉"省级贫困县"帽子的计划落空。

三、双孢菇项目决策失败的原因及其启示

（一）决策项目运行的法治背景

这一项目从1998年动议到2008年双孢菇规模种植的消失，预期的双孢菇产业发展目标无法实现。回顾这个项目的发展兴衰，从前期调研、试验准备、县委政府积极推动下的项目启动、县财政资金的到位支持到整个项目偃旗息鼓、棚舍空置、农户逐步退出，前后近十年的时间。这一阶段基本上是中国行政法治规范化建设开始、逐步前行的十年。

1999年"依法治国，建设社会主义法治国家"入宪，而建设法治国家的核心首先是依法行政，政府依法行政提上了日程。同年印发的《国务院关于全面推进依法行政的决定》（国发〔1999〕23号），强调领导干部带头依法行政，各级政府及其工作部门加强法制建设，严格行政执法，强化行政执法监督，依法行政原则在我国开始确立。2003年公布的《国务院工作规则》，确立了科学民主决策、坚持依法行政、加强行政监督三项基本原则。这三项基本原则在地方政府工作中也逐步得到了贯彻执行。2004年国务院的《全面推进依法行政实施纲要》作为指导各级政府依法行政的纲

领性文件,将建设法治政府提上了日程,提出要健全行政决策机制,实行依法决策、科学决策、民主决策。

H县政府双孢菇项目决策,放在当时的历史条件下看是比较规范的,经过了必要的程序,具体进行了前期调研和专家论证、试点试验、民主征求意见,以会议的形式集体讨论、作出决策。但从法治化发展的眼光回看,也可明显看到决策过程中存在的诸多不足。

(二) 决策项目失败的原因

1. 决策主要围绕权力展开

决策过程始终以决策者自我为中心。从项目决策形成来看,主要表现为不考虑项目参与者的具体情况和利益诉求的"关门议程",只对党政"四大班子"开放,充分考虑了"四大班子"的意见,可以说是在权力圈子范围内的民主,或者说是"四大班子"内部的民主决策。如果说决策者具有为民服务意识的话,这种服务并非建立在决策者和参与者的对话沟通的现代理念基础之上。决策中存在的核心问题是:权力没有应有的分工,权力混同,监督缺位,难以形成权力间的制约性关系,无法听取不同意见或没有不同意见;决策者没有把更多精力放在决策的程序性运作中,而是过多要求强调取得权力协同一致的效果,而忽视了项目参与者及利益相关人的需要;无法实现行政决策为公共利益目的进行最优方案的选择,对执行决策的过程也缺乏规范性安排,决策实施的随意性强,缺乏投资与效益评估机制的制约,决策目的难以实现。

2. 决策程序中缺失公众参与

根据H县《政府工作规则》的规定,双孢菇产业发展决策没有面向全社会征求意见和建议。决策过程中决策者忽视了广大种植参与者即种植户的意见,没有和种植户建立起信息交流的渠道,没有充分征求种植者的意见,因而在后续的项目实施中在很多问题上难以得到种植户的认同和理解。决策者囿于决策行为的原因在于其对行政内部事务的认识本着"为民做主"的思想,决策者行使决策权时封闭在权力体制内部,没有充分考虑参与者的意愿和要求,参与者对这一项目的认知度不够,参与的主动性不高,往往是被动接受安排。不可否认,决策者的愿望和出发点是发展当地经济,为广大的农户创造可观的收入,认为这是一件普遍惠及农户的好事,决策项目落地后农户人均增收可达千元,也将很快摘掉"省级贫困县"的帽子。但决策者却没有更多考虑到决策的公众参与、了解种植户的意愿和需要,让更多的人了解和支持这一项目,对项目本身的宣传、实施的技术准备和培训以及对参与种植农户的动员等没有完全落实到位。由于双孢菇在种植过程中会受时间、技术、市场以及机会成本的影响,项目实施过程中出现了农户"不买账、不领情"的现象,农户在领取政府财、物补贴后的"出工不见利"① 现象普遍存在,决策实施效果并非如决策预期的那样。总之,由于项目决策过程中缺乏公众的参与,种植户对这一项目的了解不足,社会的认可和支持度不高,导致在实施过程中参与者与决策者难以真正达成认识上的一致和行为上的合作。

3. 缺乏对决策的监督制约机制

基于历史条件和客观环境条件的限制,这一重大行政决策项目在决定和实施过程中没有构建起内部和外部的监督机制。由于决策本身的运行方式和不同权力共同进行决策的惯性,难以形成权力间的监督;同时缺乏公众参与,社会监督也难以形成。在制度设计上虽有行政机关内部的层级监督和专门监督制度的存在,但针对行政决策的适用性不强,事实上也没有发挥作用,还没有建立起专门针对行政决策的监督制约机制,如合法性审查制度还没有建立起来,重大行政决策责任承担制度更是无从谈起,便出现了有人决策无人监督,存在问题不需要承担责任的局面。

正是因为监督的缺失,决策项目的实施没有结合实际情况进行严格的科学论证,执行过程中也缺乏即时的反馈和经验总结。例如,H 县双孢菇种植项目决策固然有其依据:从自然环境上讲,气候、水土等完全符合双孢菇的培育;双孢菇种植的原辅材料充足,双孢菇栽培的原料主要为牛粪与麦秸,该地作为山区农业县,其黄牛养殖具有一定规模,小麦是种植的主要品种,因此可以满足双孢菇的种植需求,双胞菇栽培的辅助材料如石膏粉、过磷酸钙等可在当地市场上买到。但 H 县也存在一些现实问题:人口小县——农业人口中有劳动能力的人口在 5 万以下,且有一部分青壮劳动力外出务工,留守者中多为老弱病妇等,事实上农村剩余劳动力并不充沛;山区小县——域内山地多,耕地少,剩余土地量也有限;另外,培育

---

① 这是调研过程中听到的当地双孢菇种植户的一种普遍说法。其意思是:在形式上种植户在出工从事种植双孢菇的活动,而实际上主要是在配合政府决策的种植推广计划,获取相应的财政补贴,但却不见种植带来的收益。

双孢菇对技术、操作要求十分严格，对种植者的素质有一定的要求，农户普遍难以达到。这些实际情况的存在，使相当数量的农户种植双孢菇的积极性不是很高。农户算了一笔账，同样的人力、物力投入到双孢菇培育的收益，远没有投入到种植玉米、山林采集、外出务工的收益高。双孢菇实际种植操作中对技术的要求较高，稍有不慎就会满棚全劣、失去销路，如果不是政府用公共财政资金对种植户进行补贴，该项目甚至无法推广。这样的情形或许是政府决策时从未考虑到的，而政府一心要将H县打造成省内乃至华北最大的双孢菇产业基地县以创造政绩，使双孢菇产业发展决策失去了现实性、公益性的目的，不仅无法达到预期效果，而且损失严重。

（三）决策项目失败的启示

1. 应始终以公共利益为中心

重大行政决策由于其涉及"重大"的社会公共利益，为维护重大公共利益的实现，必须防止决策者个人或者是决策者们拍脑袋决策，以防决策为个人权力谋私或者权力间的平衡一致取代"重大"的社会公共利益。因此，必须建立起相应的重大行政决策程序法律制度对决策活动进行规范化监督的机制。决策过程中必须要强调和尊重公众参与，尤其在决策的初始阶段就要让社会公众参与其中，特别是与决策有直接利益关系的社会公众的参与，有效的公众参与对决策的实施影响重大，关系着社会公共利益结合真正实现；决策过程中合法性审查制度是其核心，对杜绝行政决策权力滥用、防止公共利益受损有重要意义；决策执行过程中及其实施后的评估、责任追究制度及其配套制度不可或缺，有助于在决策的实施过程中及时防止公共利益受损。

2. 确保重大行政决策的规范执行

重大行政决策的作出及执行必须依法依规进行，确保决定和执行程序的规范化，规范化的实质是控制行政决策权，防止决策权滥用，保障社会公共利益的实现。当前我国的重大行政决策法律制度正在构建和发展中，重大行政决策应依照相关的法律、法规或决策自身设定的程序规范运行，逐步实现重大行政决策运行法治化。

3. 建立完善的重大行政决策监督机制

通过监督机制约束重大行政决策权的不当使用甚至滥用，促进重大行政决策的科学化、民主化和法治化。监督要贯穿于决策、执行以及执行后评估的整个过程。首先要理顺行政决策权与其他权力之间的关系，构建起行政权力内部的上下级之间和专门机构的监督机制；其次从外部对行政决策权的监督，包括政党对行政决策权的监督、其他国家机关权力对行政决策权力的监督、社会权力对行政决策权力的监督等机制。其中，特别要强调决策监督中的执政者的领导监督，从政治方向上把握重大行政的决策的走向，还要在具体的决策程序中明确执政者组织的监督地位和监督作用。完善的监督机制是保证重大行政决策民主、科学和合法的重要前提。

第一章
非法治化表征理论与行政决策法治化要求

法治化是一个追寻法治目标的过程,是一个"人治—法制—法治"的过程。我们从对一个实例的分析开始,呈现在特定历史条件、特定决策中非法治化的具体样态,从中去认识和理解法治的概念和法治化的内涵与内在要求。在此基础上展开对重大行政决策及其监督法治化的研究。

一、行政决策非法治化表征理论分析

学者卢剑峰在其著作《行政决策法治化研究》中指出:如果说行政决策法治化就是一个克服非法治因素、挣脱传统羁绊的过程,那就有必要对这些传统的非法治因素和问题予以归纳,透过现象揭示本质,确立正确的理念,推动行政决策法治化的进程。在此基础上,归纳了行政决策非法治化有四个方面的表征,即行政决策议程确定的官僚主义、行政决策目标设定的冒进主义、行政决策方案制定的经验主义、行政决策方案抉择的形式主义。[①] 基于这一理论,下面结合 H 县双孢菇种植项目重大行政决策实例从两个方面予以分析,观察其非法治化的特征。从严格意义上讲,这一决策并非完全是从法律角度展开的操作,而更倾向于是一个政治性的或者是行政管理性的选择或者运作。

(一)以决策者权力为中心作出决策

H 县双孢菇种植项目重大决策处于 20 世纪末我国法治进程刚刚开启之

---

① 卢剑峰:《行政决策法治化研究》,光明日报出版社 2011 年版,第 49-56 页。

时，在当时的历史条件下，由于从法律角度对行政决策存在认识上的误区，还没有将其纳入法治的范畴。行政管理活动中行政决策均在行政内部进行操作且不受法治理念和规范的约束，行政决策过程中决策者的个人意志起重要作用。正如有的学者指出："政治途径偏好过程中的多元互动允许建立联盟，但是经常导致仅是稍微修正既有政策的渐进式决策，法律途径则偏好以判决方式评价决策的合理性。"①

从H县县委、县政府的实际操作来看，应当说已经对重大行政决策的法治化有了一定的认识，也是遵循了一定的工作规则程序而作出决定的。在作出这项决策时，依据了《政府工作规则》这一工作规范性文件，党政领导班子即县委、县政府共同讨论，认为双孢菇种植项目属于重大事项范围，还征询了县"四大班子"的意见及其他机构的意见，按照规定决策由集体开会作出，遵循了会议的相关程序规定。单从其操作的程序性角度看，这一决策已经具有一定的法治形式意义，是我国依法行政起步阶段的产物。中国作为一个刚刚起步建设现代法治的国家，依法行政的理念和原则在国家和社会生活中开始确立但尚未被充分接受，有时会受到人治和权力专制传统等历史惯性的影响。在H县这个具体的决策实例中，虽然相对广泛地征求了意见，当然这种广泛也仅存在于党委、人大、政府和政协"四大班子"及其机关以及一些事业单位等有限的范围内；征求意见是采取发文的形式，征求对已发文件的意见，而非采取对项目本身不确定前提的征求意见形式，而且这样的征求意见也没有扩展到社会公众层面，特别是种植村组和种植农户的层面。由于征求意见范围的有限性和征求意见方式的封闭性与限制性，最终并未征集到不同的意见或更具有建设性的意见。即使最终作出决定采取了集体开会决议的民主形式，也只是在"四大班子"领导成员内部共同的集体决议，没有与各方决策实际参与者进行充分协商，没有建立在与实际参与者互动、充分尊重参与者利益表达的基础上，最终的决策只能是权力内部的决策，是不同权力间利益协调或平衡的产物。

以权力为核心的决策缺乏民主性，是基于权力者意志的决策，没有外部力量的参与，也就缺乏外在力量的监督；以权力集合（四大权力集合的

---

① [美]戴维·H.罗森布鲁姆、罗伯特·S.克拉夫丘克：《公共行政学：管理、政治和法律的途径》，张成福等译，中国人民大学出版社2002年版，第335页。

"四大班子"共同决策)为核心的权力决策是权力的单向运作,缺乏权力内部间的制约与监督。在既没有内部权力的监督,也没有外部权力制约的情况下,决策的科学性、民主性和合法性本身就会受到质疑,其实施的结果也就难以达到预期目的。没有监督的法治不是真正意义上的法治,监督是法治的本质内涵和重要内容。

(二) 以决策者执政需求为目标作出决策

行政决策本身是具有选择性的,所有的选择都是为了实现一定的目标,这一目标可以简单地概括为"社会公共利益"的发展。20世纪90年代末,我国经济体制改革已经取得一定成效,已经从计划经济逐步转型为市场经济,发展才是硬道理的观念已经为人们普遍接受。经济发展成为执政者的首要任务和头等大事,是对执政者考核的重要内容。H县双孢菇种植项目的重大决策,就是在这样的历史背景条件下作出的。

虽然说H县双孢菇种植项目决策充分考虑了当地经济发展的需要,结合当地的实际寻找新的经济发展项目,为尽快提高农民收入而实施。但在这个目标之外,更为明确的目标,就是要摘掉"省级贫困县"的帽子,打造华北最大的双孢菇种植基地县。这是决策者在考核需求中的重要指标,因而也成为决策者执政的需求目标。这偏离了行政决策为社会公共利益的发展进行选择的根本目标。正因如此,这一项涉及全县6万多农业人口、财政投资3000万元的项目,仅在决策者权力内部征求意见作出决定,而没有在征求意见环节时在更大的范围听取意见,特别是听取种植户的意见和要求,更没有从H县的人口、劳动力和土地资源等现实状况出发,就在所谓的"规范性程序"下作出了。也可以说决策者在为农民算了一笔双孢菇种植的经济账之后,就代替项目的实际参与人——种植户做了主,拍板了这一决策。从这里我们可以看到决策者的双重目标:一是为县域经济社会发展与农民的实际利益考虑;二是为决策者执政需求的考虑。后者的考虑应是建立在前者考虑基础之上的,但后者的考虑在很大程度上取代了前者,成为一个根本性的考虑。

行政决策作为一种行政权行使行为应受到来自权力内部与外部的监督,但在缺乏法治理念引领、法律制度的规范和法治化运作的情况下,决策目标逐渐偏离。行政决策程序法治化是保障行政决策社会公共利益目标实现的根本手段。"本质上,行政决策目标是主观的,它存在于决策者的观念之中，目标内容是客观的，恰当的目标必须立足于现实。"① 当行政决策缺乏法律程序的监控时，对决策者主观方面的约束就会降低，放弃对目标内容客观性认识的偏离，导致行政决策目标偏离客观实际；取而代之的是决策者需求目标的确立，以决策者政绩为目标的行政决策目标取代了公共利益目标。H 县双包菇种植项目重大决策，为实现脱贫摘帽、成为华北第一基地县政绩目标必然导致高指标的冒进，忽视了当地自身的经济发展状况、人口数量和劳动力素质因素等方面的实际情况，导致行政决策由公共利益目标向政绩目标的异化。政绩目标是以决策者自身政治发展的需求为目标，是不受也无法受行政程序控制的，因而是行政决策非法治化的重要特征。

二、行政决策非法治化的原因分析

行政决策作为一种公共决策，在政治学、行政管理学中被广泛关注。在政治学里作为一种政治选择而应用，在行政管理学中作为一种管理的方法方式和途径来对待。但长期以来没有真正进入法学研究的视野，行政决策的法治化也就被忽略了。从法的角度探究行政决策非法治化的原因，可以从理论、制度和实践三个方面予以探讨。

（一）理论上行政法学对行政决策研究回应不足

从法学角度来看，行政法学最应当对行政决策予以关注和研究，但在过去相当长的时间里，我国行政法学者并没有把行政决策真正纳入行政法的研究范围。新中国成立后对行政法学的研究基本上中断了，直到 20 世纪 70 年代末 80 年代初随着改革开放的发展行政法学得以恢复，但并没有将行政决策纳入行政法学的研究范围，在权威的行政法学者出版的法学专业行政法学教科书中几乎没有关于行政决策内容的讲授，行政法学界几乎没有对行政决策行为给予积极的回应。学者肖北庚等认为，国内虽有个别行政法学者对行政决策进行了研究，但也主要是从政治学角度进行的阐释，并没有从行

---

① 卢剑峰：《行政决策法治化研究》，光明日报出版社 2011 年版，第 52 页。

政法的角度展开深入探讨①。江国华教授在其 2017 年出版的著作《中国行政法学（总论）》一书中，首次将行政决策纳入行政法学的体系之中，在行政法学教科书中单列一章，对行政决策进行了较为系统的介绍②。

我国行政法学者之所以对行政决策研究没有从法学角度作出足够的回应，一个重要的原因是传统行政法学中关于"行政行为的分类理论"无法很好地容纳行政决策行为。类型化的研究方法源于德国"理念类型"的思维方式。尽管这一方法具有概括思维对象共性的特点，但其缺陷是不足以概括思维对象的所有类型③。其实，类型化的认识是"当抽象——一般概念及其逻辑体系不足以掌握某种生活现象或意义脉络的多样表现形态时的补助思考形式"④。尽管传统行政法对行政行为做了诸多的分类，但所有的这些分类在面对行政决策行为时都显得无能为力，无法对行政决策作出全面而合理的解释⑤。从这一理论所面临的困境中摆脱出来需要一个理论创

---

① 学者肖北庚等梳理了我国若干重要的行政法学者对行政决策进行的研究，包括：应松年教授发表在 1995 年第 4 期《政治与法律》上的《第七讲 行政决策》专题文章中，对行政决策的内容和意义、决策的种类、决策的基本步骤和几个关系问题进行了一般性的介绍；杨海坤教授于 1992 年由南京大学出版社出版的《中国行政法基本理论》一书中主张行政法学应该研究行政决策并把行政决策行为作为一种重要的行政行为来看待，提出将行政决策行为与行政立法行为、行政执法行为、行政司法行为和行政救济行为并列。但在接下来的十几年里并没有延续对行政决策的研究。而后杨海坤教授与李兵合作发表在 2006 年第 3 期《政治与法律》上的《建立健全科学民主行政决策法律机制》一文，又一次提出行政决策应该是行政法研究的重要问题，但并未深入展开。刘莘教授在 2006 年北京大学出版的《政府法治与行政决策、行政立法》一书中，不是从行政法角度探讨行政决策自身的性质、类型、效率、结构和功能等基本问题，而是将对行政决策的探讨放在法治政府的框架之下。因此，笔者认为以上这些研究本质上均是停留在政治学层面研究行政决策，或者是对政治发展需要的一种"现实性"的理论回应。肖北庚、王伟、邓慧强：《行政决策法治化研究》，法律出版社 2015 年版，第 5-6 页。
② 江国华：《中国行政法（总论）》，武汉大学出版社 2017 年版，第 180-189 页。
③ 肖北庚、王伟、邓慧强：《行政决策法治化研究》，法律出版社 2015 年版，第 27 页。
④ ［德］卡尔·拉伦茨：《法学方法论》，陈爱娥译，商务印书馆 2005 年版，第 377 页。
⑤ 行政法学者对行政行为的分类探讨颇多。其中姜明安教授在其主编的《行政法与行政诉讼法》一书中对行政行为的分类体系进行了详细的阐述。首先将行政行为划分为行政法律行为与行政事实行为，行政事实行为包括行政调查、行政指导等。其次将行政法律行为分为单方行政行为和双方行政行为，双方行政行为包括行政合同、行政协议行为；将单方行政行为分为抽象行政行为与具体行政行为。最后将抽象行政行为分为行政立法（行政法规、行政规章）和其他规范性文件；具体行政行为称为行政决定，包括行政征收、行政征用、行政给付、行政裁决、行政奖励、行政许可、行政处罚、行政强制等。这是基于行政行为分类理论而进行的划分，行政决策并不包括于其中。姜明安：《行政法与行政诉讼法》，北京大学出版社、高等教育出版社 2011 年版，第 154 页。

造与革新的过程,在这个过程中行政决策就游离于行政法之外了。事实上,我国行政法学界对行政行为类型化的研究也备受诟病,主要表现为学术研究过于表面化,现有的行政法学体系存在危机而难以突破,未被形式化的行政行为不被传统理论体系所接受,然而实践中需要的是外延不断扩大的行政行为。因此,应在不完全摒弃传统行政行为概念和分类的前提下,采用外延较宽泛的行政行为概念。在这个意义上,适时引入"行政决策"行为概念,突破行政决策行为类型化的困境,认可行政决策包含具体行政行为与抽象行政行为的双重属性,才能为重大行政决策范围的界定设定基本的框架①,也有学者认为,行政决策发展成法学概念并进而发展成法律概念,"对推进我国行政决策的法学研究和行政决策法治化进程有基础性意义"②。

(二) 制度层面缺乏对行政决策的规定

在我国宪法、行政立法规范中均没有出现行政决策概念,有关行政决策的内容包含在相关规定中,行政机关依职权所作的行政决策,以规定行政措施、发布决定和命令的权力形式予以表达。我国《宪法》第八十九条规定,国务院行政职权的第一项规定为:"根据宪法和法律规定行政措施,制定行政法规,发布决定和命令。"其中的规定行政措施,发布决定和命令就包含行政决策的内容,特别是其中规定行政措施的规定就是对行政决策的具体规定。《中华人民共和国地方各级人民代表大会和地方各级人民政府组织法》第五十九条关于县级以上的地方各级人民政府职权第一项③中规定的"规定行政措施,发布决定和命令"的规定也属同理。

我国行政立法深受行政法学行政行为分类理论的影响,通常以某一特定行政行为类型进行立法,譬如行政处罚法、行政许可法、行政强制法等单行立法。由于行政决策无法被纳入行政行为类型理论的框架之中,行政

---

① 黄学贤、桂萍:《重大行政决策之范围界定》,《山东科技大学学报》(社会科学版) 2013年第5期,第37页。
② 茅铭晨:《"行政决策"概念的证立及其行为刻画》,《政治与法律》2017年第6期,第109-110页。
③ 《中华人民共和国地方各级人民代表大会和地方各级人民政府组织法》第五十九条关于县级以上的地方各级人民政府行使职权中第一项规定:执行本级人民代表大会及其常务委员会的决议,以及上级国家行政机关的决定和命令,规定行政措施,发布决定和命令。

决策无法为行政法学所关注，因而也没有有关行政决策的专门立法。行政决策在行政机关内部运行，往往以规范性文件，即抽象行政行为的形式呈现行政决策的内容，在决策的运行过程中常常又可包含一个或多个具体行政行为依相关法律程序规定的运作，但对行政决策本身的内容和程序缺乏整体规范。其实，在我国立法中是有"决策"概念的，叶必丰教授在其论文中详细列举了 23 种使用含有"决策"字样的法律。其中，用于政府行政管理的法律有 12 部，"决策"的含义都表示政策制定的意思，大部分可以替换为"决定"或者"规划"，与行政决定和行政规划等行政行为相比，显然无法从"决策"中解读出作为法律行为所应具有的法律效果。[①] 也可以说，虽然"决策"二字出现在了我国立法中，但它并非是一个法律概念，或者说行政法学并未对行政决策给予实质性关注。

（三）实践层面将行政决策作为行政的内部行为

行政管理活动中存在大量的行政决策，它既是行政机关运用行政权的结果，又是行政机关运用行政权的开始，是实施具体行政行为法律的依据。在我国，行政决策可以表现为除法律、法规、规章之外的行政决定、行政措施、行政命令等其他行政规范性文件。在依法行政理念下，行政机关的行政管理活动必须依法作出。依法行政中"法"的范围到底有多大？对此，学界有广泛的讨论，一般将其界定为法律、法规和规章[②]。但在行政管理实践中，行政管理所依据的除前述依法行政之"法"外，大量依据的是其他行政规范性文件，其中包括行政决策的规定或因决策而形成的具体可实施方案等，具有针对性且操作性强。

长期以来行政决策被认为是行政机关内部的行为，属于行政自由裁量权的范畴。基于我国行政机关的行政首长负责制的管理体制，以及对行政管理的强调和行政效率的要求，对行政决策没有什么法律规范性要求，决策涉及的主体广泛、决策事项众多[③]。决策中涉及事实的了解，价值的分析与判断，只在行政机关内部、在行政首长负责制下以会议的方式作出决

---

① 叶必丰：《行政决策的法律表达》，《法商研究》2016 年第 2 期，第 72—77 页。
② 姜明安：《行政法与行政诉讼法》，北京大学出版社、高等教育出版社 2011 年版（第 5 版），第 68 页。
③ 在我国行政管理体制下，国务院及其所属部门，县级以上地方人民政府及其所属部门，在其职权范围内，均可制定行政规范文件，即作出行政决策。

定，或与其他机关，如前述 H 县案例中的党委、人大、政协沟通或共同合力即可作出，决策的程序因缺乏规定而极其简单。可以说行政决策的作出基本不受外部力量的监督和制约。因此，行政决策仅仅被看作是一个政治或者是行政的过程，这是行政决策非法治化的重要原因。

三、行政决策法治化要求的基本方面

对法治化的理解应基于中国特定的历史文化条件去展开探讨，明确中国正在进行的法治化，既不是单一的社会演进型，也不是完全的政府推进型，而是政府推进型与社会演进型二者的有机结合。在这样的发展进程中，要将行政决策法治化放在依法治国、建设社会主义法治国家、建设中国特色社会主义法律体系的大背景下来认识。

（一）法治与法治化的含义

1. 法治的含义

法治也称为法的统治，与"法治"对立的是"人治"。一般而言，法治首先是指一种治国方略或社会调控方式，与人治的区别主要有以下几个方面：主体上法治是众人之治，人治是一个人或几个人之治；法治依据的是反映人民大众意志的法律，人治则依据当权者个人的意志；当法律与当权者个人意志发生冲突时，法治国家中的法律高于个人意志，而人治国家中则是当权者个人意志大于法律。[①] 法治与人治的分水岭是一个国家的法律与个人的意志何者为第一性的问题。

法治作为一种源远流长的意识形态和政治法律实践，早在中国先秦和古希腊、罗马时期就已经出现。古希腊思想家亚里士多德主张"法治应当优于一人之治"，认为法治与人治相比具有的优越性在于：法律是没有感情的，是众人的智慧，具有一种个人所不能做到的"公正性质"，是一个中道的权衡，而个人则难免受感情的支配，即使最好的贤人也不能消除兽欲、热忱和私人感情，因而在执政时往往引起偏见和腐败。[②] 亚里士多德

[①] 张文显：《法理学》，高等教育出版社 2003 年版，第 333 页。
[②] 朱景文：《法理学》，中国人民大学出版社 2012 年版，第 93 页。

在其《政治学》一书中提出了对后世影响深远的经典法治定义，对法治的内容及其作用做了较为系统的论述，认为"法治应包含两重意义，即对已成立的法律的普遍服从，而大家所服从的法律又应该本身是制定良好的法律"[①]。因此，对于法治含义的理解，首先强调凡事皆有法可依，必须依法行事，把合法性作为判断社会主体行为的基本准则，其中特别强调法律对政府权力的规范和限制。其次包含了对法律品质的要求，即"本身是制定良好的法律"：在法治的形式方面，包括法律规范必须清晰、公开、适度、可行、非溯及既往、规则之间协调一致、有明确的效力范围和制裁方式等；在法律的内容方面，至少包括法律必须体现人民主权原则，必须承认、尊重和保护人民的权利和自由、法律面前一律平等、承认对多元化利益和一切正当利益给予无歧视性差别的保护、司法独立等。[②] 可以说从人类一开始的法治思想，就包含了对作为前提的法律之良好品质的要求。如果说一定的法律制度或法律秩序中缺乏这些最低限度的价值基础和目标，就不能称其为法治。"良法之治"的法治形态，强调法治不仅仅是依法治国的程序正义，也试图超越程序正义的界限而追求实质正义。

2. 对法治化的理解及中国的法治化

法治化表征着法律在社会的存在状态和变革过程，其实质是伴随着社会从传统向现代的转变，法律制度自身的合理化发展过程。人类漫长的历史是在人治的状况下发展的，进入文明阶段逐步有法律制度的出现，到近现代以后开始了从法制向法治的逐步转变，开启了法治现代化的进程。从西方国家法治化发展的状况看，经历了"人治—法制—法治"的过程。法治现代化的实现过程是法治理念制度化和社会法律文化发展的过程。

法治化是建立在一定的经济、政治和思想文化基础上的。首先是经济基础为商品经济和市场经济的发展。商品经济和市场经济的发展催生了大量私法规范、公法规范以维护公平交易的市场秩序。其中特别是民法和商法的成熟和发展，促进了经济领域的法治化。其次是政治基础为民主政治的发展。民主政治的核心要求是国家权力的合理分工与有效制约，社会权力的发展和在社会生活中发挥重要作用。呈现出权力的运行遵循事先设定的程序，遵循少数服从多数的原则和允许保留少数意见的特点。要保持民

---

① [古希腊] 亚里士多德：《政治学》，吴寿彭译，商务印书馆1965年版，第199页。
② 张文显：《法理学》，高等教育出版社2003年版，第334页。

主政治的稳定和发展，必须有相应的法律规范予以保障。最后是文化基础为理性文化的发展。所谓理性文化是以科学的思想观念及现代的政治道德为内容的文化①。理性文化中所蕴含的科学精神、公民意识、权利义务观念、平等和自由观念、社会契约观念的理性，对法治化发展有极为重要的作用，提供了基本的人文思想和人文精神支撑。

纵观世界各国的法治化发展道路，大体可分为社会演进型和政府推进型两大基本类型。前者的主要特点是法治主要是在社会生活（与政府相对应的"民间"社会生活）中自然形成和演变而来的，是社会自发形成的产物；后者的主要特点是政府是法治运动的领导者和主要推动者，法治主要是在政府的目标指导下设计形成的，是主要借助和利用政府所掌握的本土政治资源完成的，是人为设计和建构出来的。两者之间的区别还有许多，比如时间与知识、目标与结果、成本与代价、创新与学习借鉴等②。

具体而言，社会演进型是指法治的发展是建立在商品经济和市场经济的不断发展，王权逐步受到限制而公民权利不断拓展，法律至上原则最终确立，民主政治成为权力统治的基本形态，与此相关的法治思想和法治精神构成的法律文化成为主流，在这样一个自然演进基础上的法治发展。社会演进型的典型特征是法治发展是统治型权力之外力量推动的产物，其源泉深深扎根于商品经济发展的事实和法律文化传统之中，是一种自下而上的推进过程，其动力来源于与"政府"相对立的"民间"社会生活中。这种法治的直接动力主要来自市民社会，而非政府和国家上层建筑，在法治化目标、程序上较少有"人为"和"预设"的痕迹，在时间进程中需要一个相对漫长的发展过程。西方国家在法治实践上大多数走的是这样一条法治道路③。英国和美国是社会演进型的典型代表，英国最为典型，其法治化演进具有保守性、连续性和渐进性的特征④。与社会演进型的自然发展

---

① 张文显：《法理学》，高等教育出版社2003年版，第336-337页。
② 蒋立山：《中国法治道路初探（上）》，《中外法学》1998年第3期，第16页。
③ 郭学德：《试论中国的"政府推进型"法治道路》，《中共中央党校学报》2001年第5期，第113页。
④ 何勤华：《英国法律发达史》，法律出版社1999年版，第67页。

不同，政府推进型中的"政府"①是法治化运动的主导力量，法治目标、法治任务及其发展进程是"人为"建构的。其主要是指发展中国家由于自身历史发展状况和外在法治化压力的原因，不可能沿自然演进之路推进法治进程，走上了一条由政府主导的自上而下的法治化道路。20世纪上半叶的日本、韩国、新加坡以及我国的台湾等国家或地区，在对西方法律制度学习和移植的同时，走上了一条政府推进型法治之路，即"以行政主导力量将国家和政府的权力配置及其运行纳入法制的轨道，社会生活方面也被纳入法律的治理范围②。

中国从20世纪70年代末期开始走上政府推进型法治现代化道路，其根本原因在于中国社会面临的外部压力与内部危机。所谓外部压力，是指自近代以来西方列强对古老中国的入侵压迫。1949年中华人民共和国成立后，西方国家对我国实行了全面封锁、遏制与渗透，包括"和平演变"。所谓内部危机，就是在西方压力背景下中国经济社会发展迟缓、体制僵化所造成的矛盾激化与爆发③。由于西方发达国家的经济现代化所形成的外在压力和中国迫切需要实现经济现代化和社会法治化的内部压力，中国必然会选择"政府推进型"的法治化道路。

在政府推进法治化的过程中，国家会进行大量的法律移植，在一个较短的时间里，人为地甚至强制性地完成社会制度变迁等法治化发展之路④。由于这种转型缺少社会经济、政治和文化发展形成的内在秩序作支撑，因此会造成大量移植的法律与客观现实状况不符甚至冲突的情形。苏力教授认为，作为一个现代社会的法治（而不是局部的和暂时有序的），只有在这个社会经济、政治和文化转型并大致形成秩序的基础上才有可能。法律本身并不能创造秩序，而是秩序创造法律。而20世纪中国社会的巨大变化，已经为中国社会现代化法治的最终确立奠定了最深厚的基础⑤。我国

---

① 这里的"政府"是指相对于"社会"而言的广义上的政府，它泛指"国家上层建筑"，这一点在中国尤其如此。因此，"政府推进型"法治道路亦即"国家上层建筑推进型"法治道路，即引导和推进社会法治化进程的，除了政府行政机关之外，还有执政党的机关、国家权力机关等。郭学德：《试论中国的"政府推进型"法治道路》，《中共中央党校学报》2001年第5期，第113页。
② 卢剑峰：《行政决策法治化研究》，光明日报出版社2011年版，第17页。
③ 蒋立山：《中国法治道路初探（上）》，《中外法学》1998年第3期，第17页。
④ 卢剑峰：《行政决策法治化研究》，光明日报出版社2011年版，第18页。
⑤ 苏力：《20世纪中国的现代化和法治》，《法学研究》1998年第1期，第14页。

经过40年的改革开放，在政府推进型的法治化进程中，经济社会获得了前所未有的发展，社会主义市场经济体制已经建立，市场经济日益成熟，经济总量已跃居世界第二。社会主义民主制度基本确立，公民意识日益加强，社会组织不断发展，社会公众参与日益广泛，初步形成了公民社会。当前，在政府进一步推进法治化进程的同时，由于中国社会已基本具备了法治所要求的政治、经济、文化以及社会心理等方面的相应基础，社会法治化的内生力量不断发展，形成了政府推进与社会自发演进的良性局面。正如有学者认为的法治化的第三条道路，即政府推进与社会演进的混合发展型。之所以走上这条道路，是中国在法治化道路上结合我国历史发展和文化、社会传统的特点，积极应对客观外部环境的多重压力，不断自我探索和努力推进的结果。在法治化的道路上，中国已然走上了一条从上到下推进力量和从下到上推进力量共同作用的发展道路。同西方国家的法治进程有着太多的不同。在不同的历史传统、文化习惯之下，面对着不同的社会问题，处于不同的政治经济条件之下，没有照抄照搬西方的法治发展之路，而是在政府推进过程中力图寻找自己走向民主法治国家的发展道路[①]。正如有西方学者所言，"西方本身已经开始怀疑传统法律幻想的普遍有效性，尤其是它对非西方文化的有效性"[②]。党的十八大以来，以习近平同志为核心的党中央把全面推进依法治国、加快建设社会主义法治国家放在"四个全面"的战略布局[③]中加以战略谋划、扎实推进，中国法治领域发生了历史性变革，进入了全面依法治国的新时代[④]。新时代中国特色社会主义法治化发展进程中，要进一步挖掘本土历史文化资源，结合中国特色社会主义的经济、政治、文化发展的现实，用中国智慧创造中国法治化的发展模式。

---

① 马长山：《法治的平衡取向与渐进主义法治道路》，《法学研究》2008年第4期，第7页。
② [美]伯尔曼：《法律与革命——西方法律传统的形成》，贺卫方等译，中国大百科全书出版社1993年版，第39页。
③ 2014年12月13~14日习近平在江苏调研时讲话强调："要全面贯彻党的十八大和十八届三中、四中全会精神，落实中央经济工作会议精神，主动把握和积极适应经济发展新常态，协调推进全面建成小康社会、全面深化改革、全面依法治国、全面从严治党，推动改革开放和社会主义现代化建设迈上新台阶。"
④ 公丕祥：《新时代中国法治现代化的战略安排》，《中国法学》2018年第3期，第37-38页。

(二) 行政决策法治化的基本要求

1. 法治化的基本要求

1959年在印度德里召开的"国际法学家会议"上,通过了被称为《德里宣言》的文件。该文件将法治概括为三项原则:一是立法机关发挥创设和维护得以使每个人保持"人类尊严"的各种条件;二是既要制止行政权滥用,又要使政府能有效维护法律秩序,借以保证人们具有充分的社会和经济生活条件;三是实行司法独立和律师自由。1961年1月在尼日利亚首都拉各斯召开的法学家大会上重申了这三项原则,将其称为"拉各斯法则"(Law of Lagos)。它至少包含了以下的法治要素:一是立法环节必须是良法以保持"人类尊严";二是法的执行环节的政府必须是权威政府(有能力维持法律秩序),同时必须是受制约的政府;三是司法环节的司法权可以依法独立公正行使,律师自由从业。进入20世纪70年代以来,一些西方学者重视程序公正的研究,将程序公正纳入法治,强调良好的法律表达形式。这些法治原则中所包含的立法、执法和司法方面的基本要素,是在法治理念不断进步、法律制度不断完善的过程中逐步形成的,寓于法治化的发展进程中。

关于法治化基本要求学界有比较多的讨论,可以简明扼要地概括为法治理念的形成和法治原则的确立两个方面。所谓法治理念是指植根于一定社会的经济、政治、文化等诸方面的必然性要求之中,解决为什么实行法治以及如何实现法治的问题,体现了法治的精神实质和价值追求。它包含以下四个方面的内容:法律的权威性是法治赖以实现的根本保障;限制公权力是法治的基本精神;公正是法治最普遍的价值表达;尊重和保障人权是现代法治的价值实质。[①] 法治原则是法治理念的具体化,指导法治实践和对法治实践提出具体要求。不同的学派,对法治原则有不同的阐释。按照法治理念的要求,综合对法治原则的各种观点的概括,在具体的操作技术层面上,法治原则可以概括为:法律必须具有一般性、公开性、稳定性、明确性和统一性,法律不溯及既往,司法审判独立以及诉讼应当合理易行。这是法治发展的目标,是变革法律制度的内在动力,推动法制向法治的进程发展。

[①] 朱景文:《法理学》,中国人民大学出版社2012年版,第97-98页。

2. 行政决策法治化的基本要求

在我国政府推进的法治化进程中，行政决策作为政治学和行政学的概念开始进入法学视野，开启了一个行政决策从非法治化到法治化的进程。为将行政决策法治化与正在进行的中国特色社会主义法治实践相结合，解决其法治化过程中面临的问题，需要在具体操作性层面上，即包括立法、执法、司法等不同层面，就程序、监督与责任制度对行政决策法治化作出安排，体现法治的基本精神和价值追求。

第一，要将行政决策法治化放在依法治国、建设社会主义法治国家、建设中国特色社会主义法律体系的大背景下来展开。行政决策及其实施是一种重要的行政方式，是行政管理活动的重要组成部分。行政决策的实施会直接或间接影响相对人的权益，所以将行政决策法治化是依法行政的内在要求，是建设社会主义法治国家、法治政府的重要内容。依法行政、建设法治政府，要将行政决策纳入其中，逐步改变过去行政决策不受法律约束的状态。

第二，要在立法层面对行政决策制定、实施的整个过程实现法治。要逐步建立和完善对重大行政决策程序控制的法律制度，首先要重视对作出决策前行为过程的控制，建立起以合法性审查为核心的程序法律控制机制；其次将行政决策实施法治化，建立起行政决策实施程序控制制度，特别要建立实施中的反馈机制与实施后的评价机制，将法律的程序控制延伸到实施的过程以及决策实施后的评估中；最后对行政决策程序中的违法行为规定相应的法律责任，对决策者违法造成决策严重失误或决策不作为行为、产生的严重不利后果要依法追究责任，且要建立起终身责任追究制，以制度的威慑力，最大限度地防止决策者滥用决策权和怠于行使决策权，其他决策过程中违法或违反职业道德的行为也需承担相应的责任。

第三，要建立起对行政决策的提出、决定、实施全过程的监督机制。

早在2003年的《国务院工作规则》中就专章对行政监督作出规定①。行政决策作为行政管理过程中的重要环节是行政权行使的重要内容，事关社会公共利益的维护与实现，对社会组织和公民权益有直接的影响。为防止行政决策权的滥用和怠于行使，通过对行政决策权的监督，保障行政决策权依法律程序运行，保证行政决策程序合法，决策内容科学，最大限度地保障社会公众的利益，维护社会稳定。为此，要建立起从行政机关内部和来自行政机关外部的，包括行政机关内部上下级监督和专门机关监督、行政机关外部的政党监督、国家机关监督和社会监督机制。加强对行政机关的外部监督，执政党监督是首要的；在国家机关的监督中，要加强权力机关人大的监督和专门监察机关的监督，在司法层面要探索将行政决策纳入司法审查的范围，建立起司法审查的监督机制。社会监督是一个监督主体广泛、监督形式多样的复杂的系统监督，包括来自社会公众参与的监督、人民政协的监督、社会团体的监督、公民直接监督以及舆论的监督等。

以上建立的关于行政决策法治化的制度和机制必须符合法治理念和法治原则的要求，逐步将行政决策纳入法治化的轨道，实现行政决策从理念到行为的转变，严格规范和监督行政决策权的行使。

---

① 2003年国务院印发的《国务院工作规则》第六章中就专门对行政监督作出规定：二十五、加强对行政机关行使权力的监督，提高行政效能，促进廉政建设，确保政令畅通。二十六、国务院要自觉接受全国人大及其常委会的监督，向其报告工作、接受质询、备案行政法规；接受全国政协的民主监督，虚心听取意见和建议。二十七、各部门要按照行政诉讼法及有关法律规定，接受司法监督；同时要自觉接受监察、审计等部门的专项监督，对发现的问题要认真查处和整改并向国务院报告。二十八、加强行政系统内部监督，严格执行规章备案制度和行政复议法，及时发现并纠正违反法律、行政法规的规章和其他规范性文件，以及行政机关违法的或者不当的具体行政行为；地方政府及其部门有权对国务院及各部门的工作提出批评、意见和建议。二十九、国务院及各部门要重视人民群众来信来访工作，进一步完善信访制度，确保信访渠道的畅通；国务院领导同志及各部门负责人要亲自阅批重要的群众来信。三十、国务院及各部门要接受舆论和群众的监督，重视新闻媒体报道和反映的工作中的问题，对重大问题，各部门要积极主动地查处和整改并向国务院报告。要加强政府网站建设，发布政务信息，便于群众知情、参与和监督。

第二章
重大行政决策及其监督理论概述

在推进法治政府建设过程中行政决策进入了法学视野,如何将行政决策法治化是法治化进程中的重要内容,法学界特别是行政法学者着力对这一问题进行了探讨。由实践先行引领的理论探讨经历了一个从规范行政决策到重大行政决策的认识过程,最终将重点着眼于重大行政决策的法治化问题。何谓"'重大'行政决策"成为理论界探讨的热点,运用程序规范重大行政决策行为成为基本思路。在此基础上,本章将从监督的角度对重大行政决策法治化问题展开探讨,特别是对其理论基础进行阐释。

一、重大行政决策的概念、特征、性质和范围

探讨重大行政决策监督问题,首先需要对重大行政决策有一个基本的认识,对其概念、特征和性质等基本问题有一个概括性的把握。学界对重大行政决策基本理论问题的研究主要集中在对概念的探讨上。本章通过梳理纷繁复杂的众多观点,在此基础上明确重大行政决策的概念、特征和性质等问题。

(一) 行政决策的概念和特征

1. 行政决策的概念

"决策"一词最早出现在管理学中,通常指人们为解决社会实践中出现的问题,达到既定目标,运用科学理论和方法,制定出多种解决问题的可行性方案,然后依据一定价值取向选择最佳方案的过程。之后"决策"

问题在政治学、行政管理学中也备受重视，称行政决策，又称政府决策①，一般是指国家行政机关及其工作人员为了维护和实现社会公共利益，运用国家行政权，就行政管理中需要解决的问题制定方案并且做出决定的活动或者过程②。有学者认为行政决策是现代行政活动的最基本、最重要的方式之一，是行政权运行的起点，对之后其他行政活动有着重要影响。正所谓"无决策，即无行政"③。"在现实中，行政决策作为行政管理的'大脑'，是大量执行性行政活动的依据，其影响无处不在，无时不有"④。但在过去相当长的时间里，行政决策主要是存在于管理学、政治学以及行政学等学科的概念范畴，法学研究很少涉及，我国行政法学界对此并未给予足够关注。但随着改革开放，经济社会迅猛发展，行政管理的领域越来越广泛，行政机关越来越多地介入人们生活和国家事务的各个方面，特别是有关人们生活的教育、就业、社会保障、公共服务以及环境保护等问题日益突出，行政决策在这些领域发挥着越来越重要的作用，对社会公共利益和社会公众权利的影响也越来越大。在依法行政、建设法治政府的大背景下，为保障社会公共利益和社会公众的权利，防止行政决策腐败、行政决策失误造成社会利益的巨大损失，行政决策的法治化提上了日程，行政决策逐渐成为行政法学界关注的热点问题。

2. 行政决策的特征

从行政管理学的角度看，行政决策除具有决策的一般特征⑤之外，还具有公共性、层级性、法定性、政治性等特征⑥。而从法学的角度看，行政决策具有多重特性，具体表现为：

第一，法律从属性。行政决策是行使行政权的行为，依法行政是法治的基本要求。行政决策作为政府的一项管理活动必须依据体现人民意志和利益的法律的规定进行，表现为决策主体资格和职权法定、决策程序和责

---

① 严格意义上来说，行政机关与政府是两个不同的概念。政府一定是行政机关，但行政机关却不一定是政府。本书在使用行政决策时不严格区分行政机关与政府两个概念，将政府决策等同于行政决策。行政机关包括中央和地方各级人民政府及县级以上人民政府的职能部门。

②⑥ 杨寅：《行政决策程序、监督与责任制度》，中国法制出版社2011年版，第8页。

③ [美]费斯勒、凯特尔：《行政过程的政治——公共行政学新论》，陈振明、朱芳芳等译，中国人民大学出版社2002年版，第250页。

④ 张倩：《重大行政决策法治化路径探究》，《湖北社会科学》2016年第1期，第159页。

⑤ 学者杨寅将决策的特征概括为：认知性、目标性、过程性、优化选择性、决策的预测性和应受监督性。杨寅：《行政决策程序、监督与责任制度》，中国法制出版社2011年版，第5-6页。

任法定。

第二，高度裁量性。行政决策是选择最优方案的活动，本身就存在一个裁量问题。所以法律程序严格规范行政决策权行使的同时，会赋予行政决策主体更多的自由裁量权，确保行政主体能够根据实际情况，在权衡多种利益关系的前提下有更多的选择权，从而实现选择的最优化，确保行政决策公共目的的实现。

第三，单方意志性。虽然行政决策的作出过程中有多主体的程序性与实质性参与，但行政决策机关根据法律规定的程序和条件，可以最终决定作出某行政决策并可直接实施或委托他人实施该决策。在我国现行行政管理体制下，由于宪法和法律的授权，行政决策过程以内部控制为主，因此这一特征更为明显。

第四，行政强制性。行政决策以行政权力为依据，以国家强制力为基础，一经作出在没有被有权机关宣布撤销或变更之前，就对有关国家机关、社会组织、公民个人和其他人具有约束力，个人或组织都必须遵守和服从。行政强制性基于行政决策的效力先定性，要否定行政决策的效力，须经过有权机关，依照法定职权和程序予以撤销或宣布废止。

第五，职权职责的统一性。一方面，行政决策主体运用行政权作出的行政决策，对特定相对人的权利义务产生影响，对不特定多数人的社会公共利益也产生直接影响，这体现了行政决策的权力特征和强制特征；另一方面，行政决策机关作出行政决策行为，也是履行管理和服务社会公共利益的职责，是行政决策机关应履行的义务。二者的结合就表现为职权与职责的统一。如果决策者不行使相应的职权与职责也要承担相应的法律责任。

（二）重大行政决策的概念和特征

1. 重大行政决策的概念

重大行政决策的概念是学者们集中探讨的问题。因为"概念乃是解决问题所必需的和必不可少的工具。没有限定的专门概念，我们便不能清楚地和理智地思考法律问题。没有概念，我们便无法将我们对法律的思考转变为语言，也无法以一种易懂明了的方式把这些思考转达给他人"①。

---

① ［美］E. 博登海默：《法理学——法哲学及其方法》，邓正来、姬敬武译，华夏出版社1987年版，第465页。

行政决策与重大行政决策是一种包含关系，重大行政决策属于行政决策的一部分。如何理解"重大"，是界定重大行政决策概念的关键。为此，行政法学者们展开了广泛的讨论，达成了基本的共识，认为从其属性来看，重大行政决策与一般行政决策行为一样，都是为了实现社会公共利益目标而依法定程序作出的政府决策活动。有学者认为："行政决策可以分为一般行政决策和重大行政决策，对于重大行政决策的'重大'的理解是指具有全局性、长期性、综合性等特点的事项，或涉及决策相对人较多，成本或金额较大，对公共利益或公民权利义务影响较深刻的应属于重大行政决策。"① 在地方行政决策程序立法中也多采用这样的形式予以表述。根据中央有关文件的精神和地方立法的规定，可以将重大行政决策定义为：是指一定的国家行政机关（决策机关）依照法定程序，运用科学的理论和方法，对影响本行政区域内人数众多、利益重大、关系长远发展的事项作出的决策行为。

之所以要对行政决策进行重大与一般的区分，是因为如果要对所有的行政决策都进行严格的法律程序规范，会耗费大量的时间成本和人力、物力等社会资源，特别是在中国这样一个国情复杂、人口众多的国家，会导致行政效率的降低进而影响行政管理效果。因此，进行"重大"和一般的区分，将法治化的重点优先放在涉及重大公共利益等全局性、长远性、综合性的行政决策上，是当前社会经济发展与政治体制改革迫在眉睫的问题②。这样的区分，有利于我们将重点放在根本性问题的解决上，是基于现实需要的理性选择。

2. 学界对"重大"问题的讨论

学界对如何界定重大行政决策概念讨论颇多，主要集中在探讨何谓"重大"的问题上。这一问题的解决能明确法律规范作用对象的范围。有学者明确提出：行政法学中现有的概念群都无法容纳重大行政决策这一概念，只能被解释为程序性行为，或被作为行政立法或具体行政行为的替代品。因此从根本上来说，"重大行政决策"的概念表述究竟是否能够成立，

---

① 曾哲：《我国重大行政决策权划分边界研究》，《南京社会科学》2012年第2期，第93页。

② 黄学贤、桂萍：《重大行政决策之范围界定》，《山东科技大学学报》（社会科学版）2013年第5期，第40页。

取决于与其存有关联的上位概念"行政决策"①。那么，从现有研究来看，行政决策作为一种重要的行政活动，是指具有法定行政权的国家行政机关或有合法权限的政府官员为了实现行政目标，依据既定的政策和法律，对面临要解决的问题，拟定并选择活动方案，作出决策的行为。其中所说的"对面临要解决的问题"，倘若是一个具体问题，即行政机关需要决策的事项是一个具体行政行为的话，所谓的行政决策，无非是行政机关决定是否需要做出此类具体行政行为的一个环节，其只是一个中间行为；倘若说行政机关拟要解决的问题是一个不确定的问题，无论是在对象上还是在法律效果上，都是抽象、宽泛的，那么，实际上亦可以通过诸如制定"规章"和"规范性文件"的抽象行政行为加以呈现的。这样所谓的行政决策仍然是行政机关决定是否需要做出抽象行政行为的一个中间环节，似乎没有独立意义可言②。但这种观点是受现有行政法学理论和框架限制之下的认识，是从现实的行政法研究的理论框架出发来审视和研究行政决策，试图将行政决策概念纳入行政法学现有的理论框架之下，或者将其排除出现有的理论框架，结果都会认为行政决策不是一个独立的行政行为，而只是具体行政行为或者是抽象行政行为的一个中间环节。也有学者认为："由于行政决策所依据的行政目的具有多样性，为达到该目的而采取的方法又极有弹性，因此，无法将行政决策统归于行政法中已有的行政行为类别中去。"③ 这种观点也同样认为行政决策不是一个独立的行政行为。那么，重大行政决策行为也就无从谈起。

"但法学研究从来不是被动的，而是具有很强的能动性。现成的法律并不能阻碍法学研究的创新与发展，相反，正是由于法学研究的创新和发展，才推动了法律制度的发展。"④ 应将重大行政决策的法治化问题放到实践当中去考察，应当突破研究中已有的理论框架，或者在现有理论框架之下转换视角进行延伸性分析，推进重大行政决策法治化的研究。也有学者对学界的研究进行了归纳，从逻辑学、科学主义、社会学、宪法学、行政法学等视角形成了对重大行政决策不同的认识和界定。逻辑学视角是用

---

① 熊章林：《重大行政决策概念证伪及其补正》，《中国法学》2015年第3期，第285页。
② 熊章林：《重大行政决策概念证伪及其补正》，《中国法学》2015年第3期，第286页。
③ 李迎春：《行政法视角下的行政决策》，《行政法学研究》2007年第4期，第106页。
④ 茅铭晨：《"行政决策"概念的证立及行为的刻画》，《政治与法律》2017年第6期，第111页。

"属概念+种差"的方式对概念进行表述和定义，重大行政决策的属概念是"行政决策"，种差是"重大"，对"重大行政决策"行为的定义，要在明确"行政决策"行为定义的基础上，凸显出"重大"的标准和依据；科学主义视角主要是运用经验主义和归纳方法对概念进行表达，从经验主义角度出发，可对重大行政行为的性质做出归纳；社会学视角主要强调以描述性的方法对概念进行近于科学的定义，通过描述可以将重大行政决策的范围限定在一定范围；宪法学视角是从宪法的基本功能，也就是保护公民权利、限制政府权力的视角出发对"重大"进行定义；行政法视角是在行政法律上，行政决策可以分为一般行政决策和重大行政决策[①]。以上这些概念界定均有合理性，但也存在诸多不周延之处，提出应从"重大"的构成要件的"质"和"量"两个方面来把握。所谓的"质"就是从定性上分析，"重大"必定是与决策主体所在的空间、时间、利益调整范围或者程度重大相关，一定关涉"公共利益"。由于"公共利益"这个概念本身内涵不太确定，具有抽象性、动态性和宏观性，因此，需要借助定量分析弥补在公共利益判断上的困境。所谓"量"的要件而言，关键是要从人、财、时空三个方面着手，利益相关人人数众多且不特定，涉及财产数额大、巨大或者特别巨大，涉及本区域空间范围广泛、时间持久、影响深远且不可逆[②]。探讨这一问题的目的在于明确"重大"这一概念的内涵和外延，最终明确重大行政决策的范围。

与学界对这一问题展开广泛、深入的探讨不同，在中央和地方推进依法行政，建设社会主义法治国家的进程中，行政决策法治化在地方上的实践非常活跃，将重大行政决策法治化作为建设法治政府的重要内容迅速推进。在立法上以不同的思路和形式界定了重大行政决策概念，突出了结合实际、重在现实操作性的考虑和推进法治政府建设的实际需要。例如《湖南省行政程序规定》第三十一条规定："本规定所称的重大行政决策是指县级以上人民政府作出的涉及本地区经济社会发展全局、社会涉及面广、专业性强、与人民群众利益密切相关的下列行政决策事项：……"。该地方规章对重大行政决策进行定性的基础上有九项规定，包括八个方面的具

---

① 尹奎杰、王箭：《重大行政决策行为的性质与认定》，《当代法学》2016年第1期，第72-74页。

② 尹奎杰、王箭：《重大行政决策行为的性质与认定》，《当代法学》2016年第1期，第74-75页。

体列举和一项兜底条款①。分析其中所列举的事项，均是行政法理论中所指具体行政行为无法单独涵盖的，应当说与抽象行政行为中的一部分即编制规划、预决算，作出行政决定、行政措施有一致性。不可否认的是政府所作出的这些重大行政决策，均属于行政机关依行政权所作出的行政行为，当属于行政法调整的范围，只是在过去相当长的时间里它们以行政措施、行政决定和命令等的样态隐藏在规范性的文件之后，或者以行政决策为行政管理概念而非法学概念而忽视，或者是行政法学界将其视为内部行政行为而忽视了对它的关注和研究。在地方立法实践中还创造了运用"目录"方法界定"重大"的动态立法形式，以解决"重大"本身具有的不确定性问题，将不确定转化为相对的确定或者说动态的确定②。

3. 重大行政决策的特征

重大行政决策除具有行政决策的一般特征之外，其独有特征由"重大"标示出来，与如何认定"重大"密切相关，也使重大行政决策有别于一般行政决策的特点。重大行政决策从质与量的角度呈现出两个突出特征：

一是从质的角度看有全局性、基础性和长期性。这是重大行政决策区别于一般行政决策的特点。行政决策分为一般决策和重大决策；一般决策是决策主体根据其决策权对一般事项的决策；重大决策是决策主体对重大事项的决策。如何界定"一般"和"重大"，这里没有统一的标准，但重大行政决策都是具有宏观性、基础性和全局性的事项，在决策主体所在的行政区域内必须是重要事项③。总之，重大行政决策会对一定区域经济发展产生全局性和长远性的影响，涉及不特定多数人的基本利益。具体而

---

① 《湖南省行政程序规定》第三十一条："本规定所称的重大行政决策是指县级以上人民政府作出的涉及本地区经济社会发展全局、社会涉及面广、专业性强、与人民群众利益密切相关的下列行政决策事项：（一）制定经济和社会发展重大政策措施，编制国民经济和社会发展规划、年度计划；（二）编制各类总体规划、重要的区域规划和专项规划；（三）编制财政预决算，重大财政资金安排；（四）重大政府投资项目；（五）重大国有资产处置；（六）资源开发利用、环境保护、劳动就业、社会保障、人口和计划生育、教育、医疗卫生、食品药品、住宅建设、安全生产、交通管理等方面的重大措施；（七）重要的行政事业性收费以及政府定价的重要商品、服务价格的确定和调整；（八）行政管理体制改革的重大措施；（九）其他需由政府决策的重大事项。"

② 《浙江省重大行政决策程序规定》第二条第二款："具体决策事项，由决策机关根据前款规定并结合决策中的相关因素确定；决策机关根据实际需要，可以制订决策事项目录，向社会公布。"

③ 曾哲：《我国重大行政决策权划分边界研究》，《南京社会科学》2012年第2期，第94页。

言，一般关系一定行政区域内的经济、教育、民生、环境保护、社会保障、基础性设施建设等社会重大利益关系问题，在一定的时空间里涉及多数人的利益，涉及的资金量大或特别巨大，所以关涉利益的群体范围广，成本投入大，与人们的生产、生活关系密切，比一般的行政决策更具有全局性、基础性和长期性的特点。

二是从量的角度看有时空动态性。因为"重大"是一个不确定性概念，所以不同时期对于"重大"的理解是不同的，不同的地域对"重大"的理解也不一样，这使得重大行政决策有时空性，总是呈动态状①。由于各地方政治、经济、文化、地域、人口、资源等方面发展的不同，在特定空间的行政决策的"重大"就有所不同。对重大行政决策的法律探索，首先是从地方立法开始的，各地方在重大行政决策立法过程中，结合各自实际情况做出了相应的规定。表现为地方立法在重大行政决策事项范围的规定上，虽有共性但各个地方又有自己的特殊性。在立法中对重大事项列举的最后一项，都规定了需要由政府决策的其他重大事项②。虽然说这是一个立法的技术问题，但这种立法技术就是要解决不确定性，或者说前述所称的动态性问题。《湖南省行政程序规定》第三十一条在对重大事项列举的基础上规定："重大行政决策的具体事项和量化标准，由县级以上人民政府在前款规定的范围内依法确定，并向社会公布。"这表明立法者已经充分注意到了重大行政决策的不确定性，试图对其进行动态调整。

（三）重大行政决策的性质和范围

1. 关于重大行政决策的性质

学界对这一问题的探讨主要观点有：以公共管理学者为代表的"决定论"、以日本学者盐野宏为代表的"过程论"和以传统行政法理论为基点

---

① 曾哲：《我国重大行政决策权划分边界研究》，《南京社会科学》2012 年第 2 期，第 94 页。

② 《湖南省行政程序规定》第三十一条；《山东省行政程序规定》第二十四条；《西安市行政程序规定》第一百二十六条；《江苏省行政程序规定》第二十七条。

的"行为论"①。目前学界对行政决策持"行为说"观点的较多。行政决策不仅是一个行为，而且是一个应从法学角度超越传统分类、应当予以专门研究的行为。

从行政行为的构成要件看，重大行政决策也和其他行政行为一样，有四个缺一不可的要素。具体包括：一是主体要素即行政决策主体必须是行政主体。由于行政法中很少涉及行政决策这一概念，行政法对此问题并没有直接论述。但从我国《宪法》《国务院组织法》和《地方组织法》的规定来看，我国县级以上的地方人民政府具有在本区域内作出重大行政决策的权力；县级以上人民政府的职能部门是行政决策的主体，至于其决策是否属于重大决策，要根据职能部门的具体职责涉及的事项而定。在实践中有基层政府职能部门在这方面的探索②。法律法规授权的组织是否享有重大行政决策的权力，学界对此问题少有论述，这一问题还有待于从理论和实践上进一步探索，但从行政法行为主体法的一般理论看，组织可以成为决策主体。二是职权要素即行政决策主体在作出行为时行使了行政权，具体行使了行政决策权。三是法律要素即重大行政决策行为必须受到行政法律规范的调整，并对相对人的权利、义务产生直接或间接的影响。行政决策权作为行政权，其行使必然会对相对人的权利、义务产生直接或间接的影响，必须受行政法律规范的调整。目前，重大行政决策权的行使除应依据《宪法》和《组织法》的规定之外，还应受到中共中央、国务院有关行政决策和重大行政决策规范性文件的约束，以及国务院公布的《重大行政决策暂行条例》和各地方在行政决策法治化探索中形成的关于重大行政决策的规章和规范性文件。四是形式要素即重大行政决策主体行使行政职权必须采用法律规定的程序和形式。综上所述，重大行政决策是行政主体为实现一定的行政目标，运用其所具有的职权，依据法律规定的程序作出的影响相对人（一定区域不特定多数人）权利义务和社会公共利益的行为。

---

① "决定论"认为行政决策是国家各级行政机关以履行行政职能为目的，在其管辖权限范围内作出的处理公共行政事务的决定。"过程论"认为行政决策是一种行政过程，指国家行政组织为了实现行政目标，依据既定宪法和法律，对面临要解决的问题，拟定并选择活动方案的行为过程。"行为论"认为行政决策是指行政机关在职权范围内就行政管理的一定事项，确定目标、制定各种方案、选择方案以及在执行过程中调整方案的行政行为。黄学贤、桂萍：《重大行政决策之范围界定》，《山东科技大学学报》（社会科学版）2013年第5期，第36页。

② 《安化县住房和城乡建设局重大行政决策程序规定》《肥东县科技局重大行政决策合法性审查制度》等。

因而重大行政决策行为当属行政行为。

传统的行政法理论将行政行为分为抽象行政行为和具体行政行为两大类，但无论是哪个类型，其中都不包括行政决策行为。由于行政决策概念来源于行政管理学，从行政法学的角度来看，有学者认为其尴尬地处于抽象行政行为和具体行政行为之间的模糊不明的灰暗地带，兼具传统的抽象行政行为与具体行政行为的双重属性，尚未构成行政法学上的严谨用语①。需要指出的是，行政决策行为作为一项行政管理活动，是行政主体运用行政决策权对公共事务进行管理的重要组成部分，对社会生活产生了重要影响，并对在其中活动的公民、法人和其他社会组织的权利、义务产生直接或间接影响。当行政决策行为进入行政法视野时，不仅要对其从传统理论和框架的角度加以审视，还要在此基础上突破传统理论和框架的限制，将其单独进行研究既是现实的需要，也是理论发展的必然。

在传统的行政管理活动中，行政决策被认为是行政机关的内部活动，有学者将其界定为内部行政行为②。在过去相当长的时间里，客观上也是呈现着这样一种状态，行政机关处于主导地位，行政决策过程不受外界的影响。但随着社会经济的发展，社会利益关系日益复杂，国家治理体系现代化的理念出现，在这一理念下国家治理的合法性和有效性成为本质要求。以实现社会公共利益为目标的行政决策为协调多元利益关系，从内部走向外部，呈现出开放性的态势，更多考虑社会公共利益保障的多元协调。行政决策在行政权作用的基础上，强调多元利益主体的参与，包括可能受到利益影响的社会公众，特别是受到决策影响的"利害关系人"，还有就是了解特定领域信息和知识的专家，还有可能就是代表一定利益群体的社会团体等。所有这些都是行政决策区别于传统行政行为的方面，适应了社会现实发展的需要。因而本书尝试将行政决策作为专门类型予以研究，以期深化人们对行政决策的认识，促进其法治化水平的提高。

行政法学界虽有诸多行政决策类型化的观点，但对其的探讨还处于初步阶段。与具体行政行为相比，多数学者将行政决策归类为抽象行政行为，或将其视为抽象行为中制定规范性文件的行为。本书研究的重点在于

---

① 黄学贤、桂萍：《重大行政决策之范围界定》，《山东科技大学学报》（社会科学版）2013年第5期，第36页。

② 朱海波：《地方政府重大行政决策程序立法及其完善》，《广东社会科学》2013年第4期，第228页。

监督，在这一认识基础之上，重点从监督的角度对行政决策问题展开研究。

2. 重大行政决策的范围

根据2003年《国务院工作规则》（国发〔2003〕11号）从科学民主决策的角度对重大行政决策的范围作出了规定，即"国民经济和社会发展计划、国家预算、宏观调控和改革开放的政策措施、国家和社会管理事务、法律议案和行政法规、大型项目等重大决策，由国务院全体会议或国务院常务会议讨论决定"之后，各地在地方重大行政决策立法和规范性文件中对重大行政决策的范围进行了规定。各地方通过具体事项列举的方式对重大行政决策的范围进行了一定程度上的明确和具体化。需要指出的是学界和实务界对于"法律议案和行政法规"是否属于重大行政决策的范围有不同观点。大部分学者认为不应属于重大行政决策的范围；从地方立法来看，无论是2003年《国务院工作规则》公布之前还是公布之后，大部分地方立法和规范性文件中都没有将地方政府规章纳入重大行政决策范围。从2019年国务院公布的《重大行政决策程序暂行条例》规定看，也没有将"法律议案和行政法规"纳入重大行政决策事项的范围。

虽然学界和实务界对于"重大"的界定仍有差异，但还是达成了基本的共识。对"重大"的界定标准集中在以下几个方面：一是全局性。重大行政决策及其实施将对全国或所辖区域造成大范围、长久或永久性影响，且这种影响一般具有不可逆性。二是公共利益性。涉及的利益关系主体广泛，如涉及所辖区域内所有人群或绝大多数的公民、法人或者其他组织的利益。三是高成本性。决策实施的成本高，投入资金巨大。如财政投入、配套物资供给、人员配备，也包括政策实施带来的间接成本，政府的重大项目投资、重大国有资产的处置等①。根据以上分析，结合各地方立法及规范性文件的实际情况，重大行政决策主要包括以下几类：①规划、计划类：编制和调整各类总体规划、重要的区域规划和专项规划，编制和调整国民经济和社会发展规划、年度计划；②重大资金类：编制和调整财政预算，使用重大财政资金，安排基础设施、公用事业等重大政府投资项目，处置重大国有资产等；③体制改革类：制定和调整经济体制、行政管理体制、财政体制的重大改革措施；④重大事项类：制定和调整资源开发利

---

① 王仰文：《重大行政决策合法性审查问题研究》，《理论月刊》2012年第1期，第101页。

用、产业结构和布局、生态和环境保护、历史文化保护、城市管理、水利建设、土地管理等；⑤公益价格类：重要的公用事业价格、公益性服务价格、自然垄断经营的商品和服务价格的制定或调整等。

2019年国务院公布的《重大行政决策程序暂行条例》对重大行政决策事项范围从肯定性和排除性两个方面作了规定。重大行政决策事项包括：①制定重大公共政策和措施。包括两类，一类是关于公共服务、市场监管、社会管理、环境保护等方面；另一类是开发利用、保护重要自然资源和文化资源。②制定重要规划，即制定经济和社会发展等方面的重要规划。③重大公共建设项目，即决定在本行政区域实施的重大公共建设项目。④其他重大事项，即决定对经济社会发展有重大影响、涉及重大公共利益或者社会公众切身利益的其他重大事项。可以看出在学界对重大决策范围探讨、各地方立法对重大行政决策范围探索的基础上概括为重大公共政策和措施、重要规划、重大公共建设项目以及其他重大事项几类。在此基础上，从适用角度作了排除性规定：一是以上事项决策程序另有规定的；二是财政政策、货币政策等宏观调控决策，政府立法决策以及突发事件应急处置决策。

二、重大行政决策监督的内涵、特征、分类与功能

认识重大行政决策监督问题的由来，了解其内涵、特征、分类与功能等问题，是对重大行政决策监督法治化研究的基本准备。但目前学界对这一问题的探讨还没有充分展开，需要加强对这一问题的研究。

（一）重大行政决策监督问题的提出

孟德斯鸠认为："一切有权力的人都容易滥用权力，这是万古不变的一条经验。有权的人们使用权力一直遇到有界限的地方才休止。"[①] 阿克顿爵士的名言："权力必然导致腐败，绝对的权力导致绝对的腐败。"所以自权力产生以来，人们就试图通过各种方式来控制它，保持对权力的监督是控制权力滥用的有效方法。走法治之路，加强对权力的规范和监督，是行

---

① ［法］孟德斯鸠：《论法的精神（上）》，张雁深译，商务印书馆1959年版，第184页。

之有效的方法。对此,习近平主席有深刻的论述:"权力是一把双刃剑,在法治轨道上行使可以造福人民,在法律之外行使则必然祸害国家和人民。把权力关进制度的笼子里,就是要依法设定权力、规范权力、制约权力、监督权力。"①

行政权是人类共同体中必须存在的一种权能。但是在没有控制的情况下,权力的膨胀性使掌握权力的人在尽情享受优越之后不会轻易退出②。行政权滥用对社会产生的负面效果不容忽视,行政权力一旦缺乏制约与监督,其危害是巨大的。随着社会的发展,经济、环境、社会保障等方面的问题日益突出,国家行政权日益扩张,介入社会生活的方方面面。如果从一个人发展的角度来看,行政权的介入程度是"从摇篮到坟墓"式的,广泛影响着相对人即公民的权益。在传统分权制衡理论之下构建起来的权力制约体系遭到了破坏,最突出的表现是行政权在其扩张过程中获得了行政立法权、行政裁判权,在事实上可能形成了一个封闭的行政权力系统,即既行使立法权(行政立法权),又行使执法权,还行使裁判权(如在行政系统内部进行复议、裁决等)。社会主义国家同样也存在行政权力过度扩张的问题,容易导致万能政府的出现,过度依赖和强化行政权力。因此,对于行政权力的扩张,需要有高效能的法治监督制度体系的存在,目的在于其既可保证行政权力的高效运转,又不至于产生权力滥用。

我国行政权的发展,无论从传统还是现实的角度看都极其具有优势。从20世纪70年代末改革开放以来,我国经济、社会高速发展,从一定意义上说是与行政权的强势作用分不开的。但从党的十八大以来我国深化改革的发展方向看,行政权在逐步减少对市场的干预和对社会的控制,政府从管理型向服务型转变。长期以来,我国行政管理活动中,行政决策权相当程度上是在行政权力系统内部封闭状态下运行的,被视为是行政机关的内部行政行为,法制化程度极低,很少受到外部监督。这种状况使得行政决策失误增多,腐败大量滋生,决策目的难以实现,决策效率低下;决策的民主性、科学性差,对社会公共利益和公民权益保障不力甚至直接进行侵害;决策造成的失误责任难以追究。例如,据国务院发展研究中心的估

---

① 2015年2月2日,习近平总书记在省部级主要领导干部学习贯彻十八届四中全会精神全面推进依法治国专题研讨班开班式上的讲话。

② 廖原:《法治视野下行政内部监督研究》,中国政法大学出版社2015年版,第3页。

算，从新中国成立到 2000 年，在大约 2 万多亿元的财政总投资中，由于党和政府决策失误所造成的浪费至少有 1 万亿元以上。据世界银行作过的有关评估，"七五"至"九五"期间，我国政府决策的失误率大约在 30%，造成的财产损失大约在 4000 亿~5000 亿元①。因此，有必要对行政决策进行法律规制，其核心就是对行政决策权进行控制和监督，以保障和维护社会公共利益的实现，特别是其中的重大行政决策事关全局性、基础性和长远性的社会公共利益，如果决策失误，那么造成的损失是特别巨大甚至无法挽回的。在我国依法行政，建设法治政府过程中，特别强调对重大行政决策的法治化，对重大行政决策的监督是重大行政决策法治化中的应有之义。

（二）重大行政决策监督的内涵与特征

1. 重大行政决策监督的内涵

重大行政决策法治化的核心就是对重大行政决策权行使及其结果的监督。有学者认为，行政决策监督是立法机关、行政机关、司法机关以及政党、社会团体、公民个人等主体，对行政机关以及法律法规授权组织的决策过程所实施的监察、检查、督促和指导②。这是将行政决策监督放在法学的广阔视野之下，从宪法、行政法多角度进行的阐释，构建起来的行政决策监督是由多个监督系统整合而成的权力监督体系。

重大行政决策监督与一般行政决策监督在性质上并没有什么区别，但由于重大行政决策内容的"重大"特性，特别是在行政法治实践中强调对重大行政决策的法治化，将对行政决策监督的力量更多分配给重大行政决策，重点、高效地解决重大行政决策中涉及的重大利益关系问题。因此，我们在对行政决策监督问题的研究中突出了对重大行政决策监督的研究。从行政法的角度看，重大行政决策监督是为了保障社会重大公共利益的实现，提高行政管理效率，执政党、有权的国家机关依照其职权监督行政决策权的行使，与行政决策有着利益关系的社会组织和公民个人为维护重大社会利益或个体的权益而对重大行政事项决策权的运行进行的监督。

2. 重大行政决策监督的特征

重大行政决策监督与一般意义上对行政权的监督在本质上是一样的，

---

① 江国华、梅扬：《行政决策法学论纲》，《法学论坛》2018 年第 2 期，第 60 页。
② 卢剑峰：《行政决策法治化研究》，光明日报出版社 2011 年版，第 160 页。

但它更加侧重对国家行政机关作出的关涉公共利益的行政决策的决策过程、实施过程和已经实施完毕的决策事项的监督①。重大行政决策监督具有以下特征：

（1）监督目的的重要性。重大行政决策监督是为维护国家或者某一地区整体性、基础性及长远性的社会公共利益、战略发展利益和促进行政管理效率，促进重大行政决策权依法行使。

（2）监督主体广泛性。重大行政决策监督的监督主体广泛，包括政党、国家公权力机关以及社会组织、公民个人等社会主体。政党监督包括执政的中国共产党监督与参政的民主党派的监督；国家机关监督有国家和地方的权力机关、行政机关、监察机关的监督以及司法机关的监督；社会主体监督有社会组织监督、公民个人监督以及舆论监督等。

（3）监督形式多样性。可分为内部监督和外部监督，内部监督具体包括行政机关内部的合法性监督和决策者终身责任监督；外部监督主体众多，有行政机关之外的国家机关监督、政党的政治监督、人大的宪法性监督、社会公众参与式的监督等外部的监督。

（4）监督呈过程性。不仅仅是对重大行政决策行为决策过程的监督，还包括对决策执行的监督、决策实施效果评估和责任追究即决策实施中的监督和决策实施后的监督。

（三）重大行政决策监督的分类与功能

1. 重大行政决策监督的分类

为了更好地认识重大行政决策监督，我们依据不同的标准对其进行分类，从多角度去认识重大行政决策监督。主要可进行以下分类：

（1）依据监督主体是否为国家机关，可以划分为国家机关监督与非国家机关监督。国家机关监督是指有权的国家机关依法进行的监督，包括行政权力系统内部的监督和行政权力系统外部国家机关的监督；非国家机关监督是国家权力之外的政党、组织、社会公众及公民个人等对行政决策权行使进行的监督。

（2）依据监督权是来自行政系统的内部还是外部，将监督分为内部监督和外部监督。内部监督是指行政机关（或行政主体）系统内部的自我监

---

① 杨寅：《行政决策程序、监督与责任制度》，中国法制出版社2011年版，第150页。

督；外部监督是指除行政系统内部监督之外的监督，包括权力机关、监察机关、司法机关的监督以及政党、社会团体、社会公众、社会舆论等的监督。

（3）其他类型的监督。根据监督的层级不同可以分为横向监督与纵向监督；根据监督时间的不同，可分为事前监督、事中监督和事后监督。

我们在后面对于具体问题展开的研究主要依据前两种分类。通过分类分析，可以看到监督是多元的，高效能的重大行政决策监督制度体系是多元监督形式的有机结合。

2. 重大行政决策监督的功能

关于重大行政决策监督的功能，其核心就是促进重大行政决策的法治化，制约政府重大行政决策权按照法定权限和程序行使，促进决策的科学化和民主化，预防和惩治腐败。

首先将行政决策权的行使纳入法治的轨道，依法行使重大行政决策权。在过去相当长的时间里，行政决策被认为是行政机关内部的事务，决策权的行使被看作是行政机关的特权，很少接受监督，容易为部门利益绑架，为长官意志所左右。对重大行政决策的监督将行政决策权的行使纳入了整个权力体系的运行之中，受到行政机关内部和其他国家机关与社会的监督。依法对重大行政决策权进行监督，是权力得到正确行使的重要保障。

其次是通过多元主体不同层次的监督，在重大行政决策过程中能够接受来自各方面的意见和建议，保障重大行政决策过程趋于理性、科学和民主；过程性的监督使重大行政决策实施过程法治化，保障重大行政决策的公共性目的得以实现，最大限度地保障社会公共利益，体现人民的意志和利益要求。

最后预防和惩治腐败是重大行政决策监督的重要功能。缺乏监督的权力必然走向腐败。行政决策权具有的广泛裁量性使权力行使者有更大的权力运作空间，容易滋生腐败。党的十八大强调要坚持中国特色反腐倡廉道路，坚持标本兼治、综合治理、惩防并举、注重预防方针，全面推进惩治和预防腐败。加强对重大行政决策权事前、事中、事后的监督，是从源头预防腐败的重要途径，是加大腐败惩治力度重要方法。

三、重大行政决策监督的理论基础

重大行政决策监督的理论基础，首先是宪法层面的人民代表大会制度理论，这是最根本的理论依据；其次是依法治国，建设社会主义法治国家之下的法治政府理论，对重大行政决策监督是法治政府建设的重要内容；最后是行政法学中的行政法制监督理论，是从行政法角度认识重大行政决策监督的切入点。建立在多层次理论基础之上的重大行政决策监督是一个开放的监督体系。

（一）人民代表大会制度理论

以我国人民代表大会制度为核心的社会主义制度理论是构建行政决策监督机制的最根本的理论基础。人民代表大会制度是我国的根本政治制度，人民代表大会由人民选举的人大代表组成，人大作为国家最高权力机关和地方各级最高权力机关，代表人民行使国家权力。我国的人民代表大会不同于西方国家的议会，是一个全权机关，即拥有国家、地方一切权力的权力中心。全国人民代表大会有权选举，能够决定、罢免国务院、监察委员会、最高人民法院、最高人民检察院的负责人，不受其他国家机关的制约，只对人民负责，受人民监督。人民代表大会及其人大常委会对由人大产生的国家机关的活动进行监督，其他国家机关对人大及其常委会负责并报告工作，接受人大及其常委会的监督。

与西方国家三权分立制度不同，我国的人民代表大会制度是"议行合一"的制度①，立法权和行政权同属一个最高权力机关，即行政机关从属于人民代表大会，是人民代表大会的执行机关的政体形式，遵循民主集中制的国家权力活动原则。在我国"议行合一"的体制之下，已经建立起了以宪法为核心的比较完善的监督体系和机制。对行政权的监督通过《组织法》《监督法》《监察法》《公务员法》《行政诉讼法》等一系列法律构建的体系得以实现。重大行政决策是行政机关执行人大立法和重大决定的

---

① 1871年法国的巴黎公社是现代议行合一制的雏形，巴黎公社委员会是统一掌握立法权和行政权的权力机关。我国的人民代表大会制度被认为是"议行合一"制。

"再决策"行为，目的在于具体实施、落实人大立法与人大的重大决定等。为保障重大行政决策的民主性、科学性和法治化，人大加强对重大行政决策的监督是人大制度理论内涵中的应有之义。

我国的人民代表大会制度是人民当家作主的最高实现形式，是中国社会主义政治文明的重要载体。自党的十八大以来，以习近平同志为核心的党中央团结带领全国各族人民坚持和发展中国特色社会主义，与时俱进地坚持和完善人民代表大会制度理论。新时期"人民代表大会制度的重要原则和制度设计的基本要求，就是任何国家机关及其工作人员的权力都要受到制约和监督，人大要把宪法法律赋予的监督权用起来，实行正确监督、有效监督；要求各级国家机关及其工作人员加强同人大代表和人民群众的联系，作为对人民负责、受人民监督的重要内容，作为贯彻党的群众路线的重要内容"①。新时期人民代表大会制度理论的发展和完善，强化了人大对其他国家权力的有效监督，为人大加强对重大行政决策的监督提供了新的理念和实践经验。

（二）法治政府理论

重大行政决策法治化，对重大行政决策进行监督是法治政府建设的重要内容。法治政府理论从社会主义法治理论的层面为重大行政决策监督提供了重要的理论依据。

党的十五大把"依法治国，建设社会主义法治国家"确定为国家发展的长远目标，1999年《宪法修正案》第十三条规定："中华人民共和国实行依法治国，建设社会主义法治国家。"将这一目标作为国家的根本任务确立下来。"对于法治国家来说，法治政府是其最核心、最根本的部分。"②法治政府是我国政府施政的基本目标，是落实依法治国基本方略的重要方面。2004年国务院出台的《全面推进依法行政实施纲要》（以下简称《纲要》）第三条，明确了各级人民政府要"全面推进依法行政，经过十年左右坚持不懈的努力，基本实现建设法治政府的目标"。2010年《国务院关于加强法治政府建设的意见》指出："贯彻依法治国基本方略，推进依法

---

① 中共全国人大常委会机关党组：《在新的历史起点上坚持和完善人民代表大会制度——党的十八大以来人民代表大会制度建设的新理念新实践》，《中国人大》2017年第19期，第6页。

② 张文显：《法理学》，人民出版社、高等教育出版社2010年版，第369-373页。

行政，建设法治政府，是我们党治国理政从理念到方式的革命性变化，具有划时代的重要意义。""当前和今后一个时期，要深入贯彻科学发展观，认真落实依法治国基本方略，进一步加大《纲要》实施力度，以建设法治政府为奋斗目标。"2014年10月中共十八届四中全会提出全面推进依法治国，总目标是建设中国特色社会主义法治体系，建设社会主义法治国家，将"法治政府"建设作为其中的重要组成部分。"建设法治政府的核心就在于将政府打造成为符合现代世界行政潮流发展的民主型政府、有限型政府、善治型政府、责任型政府和平权型政府。"① 法治政府是将政府决策、执行及监督的整个过程都纳入法制化轨道，权利与责任紧密相连，集阳光政府、有限政府、诚信政府、责任政府于一身，并用法律加以固定。② 法治政府的关键是要推进政府法制建设，建立健全政府行政的法律依据和监督政府依法行政的法律制度。法治政府建设必须以法治国家为前提，基本内涵是依法行政，有法可依，依法科学、民主决策，行政权力受监督制约。中共中央、国务院印发的《法治政府建设实施纲要（2015—2020年）》提出，法治政府的衡量标准是："政府职能依法全面履行，依法行政制度体系完备，行政决策科学民主合法，宪法法律严格公正实施，行政权力规范透明运行，人民权益切实有效保障，依法行政能力普遍提高。"

在法治政府建设过程中法治政府理论得到进一步发展，加强对行政权力的监督是法治政府理论发展的重要方面。"法治政府建设中必须强化对权力的制约和监督。要加强党内监督、人大监督、民主监督、行政监督、司法监督、审计监督、社会监督、舆论监督制度建设，努力形成科学有效的权力运行制约和监督体系，特别是推进国家监察体制改革，努力增强监督合力和实效。要把履行推进法治政府建设第一责任人职责情况纳入政绩考核指标体系，对不履行或不正确履行的严格问责。"③ 对法治政府更有效的监督制约应来自行政权力的外部，法治国家建设的重要内容即在于完善这种外部监督机制，如国家权力机关的监督、司法机关的监督等。④ 在政府管理活动中行政决策是行政权行使的重要组成部分，是政府活动的主要

---

① 杨海坤、章志远：《中国特色政府法治论研究》，法律出版社2008年版，第137-140页。
② 姜明安：《论法治中国的全方位建设》，《行政法学研究》2013年第4期，第24页。
③ 任进：《法治政府建设的实践发展和理论创新》，《行政管理改革》2017年第10期，第42页。
④ 姜明安：《论法治中国的全方位建设》，《行政法学研究》2013年第4期，第26页。

环节。政府的决策权依法行使、受到监督，是保证政府重大行政决策民主和科学的重要方面，是保证其合法合理的前提。只有这样才能防止行政决策权的滥用和行政决策权的腐败，从而保障公民和组织的合法权益，维护社会公共利益。法治政府理论强调在行政组织系统内部构建起对重大行政决策权相应的监督机制体系，构建起第一道规范其行使的防线，将重大行政决策权锁在制度的笼子里。

（三）行政法制监督理论

行政法制监督理论即监督行政理论，论证了对行政权力进行监督的必要性，特别是从行政权力本身具有的执行性、广泛性、主动性、裁量性等特征进行了论证，有利于保护行政相对人的合法权益和社会公共利益，对于我国社会主义民主和法治建设具有重要的意义。这一理论对我国的行政法制监督进行了不同的分类，构建起了多层次、多主体的交叉监督体系，为重大行政决策监督提供了理论基础和分析框架。

20世纪末在我国行政法学界展开了关于行政法理论基础的深入讨论，其中影响深远的两种理论为"控权论"与"平衡论"。以众多学者为代表的控权论强调行政法的实质就是对行政权的控制；以罗豪才教授为代表的"平衡论"学者认为，应强调行政权与相对人权利的平衡，并在行政程序和诉讼程序中对他们的权力进行不同的配置。"但两者在理论来源和价值追求方面还是有相通之处的。例如两者都是以行政权和公民权或者说国家与公民之间关系的互动为基础来构建行政法理论，相区别的主要就是对于实体权利和程序权利的强弱安排有所不同而已。"[①] 这场讨论彻底摈弃了以往的"保权论"观点，控权成为我国行政法的理论基础，对行政权的监督成为行政法理论基础中的重要组成部分。

从控权的角度看，对行政权的监督是行政法的核心和实质。行政法学界对此问题的探讨也由来已久。这一探讨使用的概念颇多，有"行政法制监督""国家行政法制监督""行政管理法律监督""政府法制监督"以及"监督行政"等。其中，行政法制监督概念为人们普遍接受和广泛采用。行政法制监督作为行政法学概念，是以行政权为监督对象的一系列法律监督的总称，有狭义和广义之分。狭义上这一概念是指具有法定监督权的国

---

① 杨海坤：《我国法治政府建设的历程、反思与展望》，《法治研究》2015年第6期，第92页。

家机关,依照法定职权和程序对行政主体及其公务人员行使行政职权的行为是否违法违纪进行监督。这样的界定认为除此之外的监督都不属于法律监督①;还有学者认为,除有权的国家机关作为监督的主体之外,外部的个人、组织也可以依法监督。之所以这样认识,是从相对人角度看,公民个人、组织作为行政法制监督主体虽然不能对监督对象作出直接产生法律效力的监督行为,但通过批评、建议或申诉、控告、检举等方式向有权国家机关反映,或通过舆论机构揭露曝光等方式实现对监督对象进行监督,也属于基于法律规定的权利进行的监督,具有间接的效力。这属于广义的行政法制监督②。笔者将从广义的行政法制监督理论角度展开对重大行政决策监督的探讨。

还有学者从宪法角度进一步拓展分析行政法制监督,认为监督主体不仅包括依法享有法定监督职权的国家机关,还包括政党、政协、社会团体、人民群众、企事业单位和新闻媒体等③。其理论依据除前述宪政理论之外,还有我国的政党理论和统一战线理论等。我国《宪法》规定的具有中国特色的中国共产党领导的多党合作的政党制度,确立了中国共产党和各民主党派的宪法地位;规定了政治协商制度,确立了人民团体的宪法地位;规定了公民的基本权利,确立了公民独立的宪法地位。因此,在现行行政法制监督理论中,它们均可以成为独立的监督主体。也可从这个拓展意义上来定义行政法制监督,展开对重大行政决策监督的论述。

对重大行政决策的监督,以人民代表大会制度为核心的宪法理论提供了根本的理论依据;法治政府理论从社会主义法治理论的层面提供了理论依据;行政法制监督理论从行政法部门的角度提供了理论依据。多层次的理论依据对重大行政决策的监督以及监督机制的建立,提供了不同的认识视角,既有助于更全面地认识对重大行政决策的监督问题,也有助于从制度层面构建起重大行政决策监督机制体系。

---

① 应松年:《行政法与行政诉讼法》,中国政法大学出版社 2011 年版,第 253 页。
② 姜明安:《行政法与行政诉讼法》,北京大学出版社、高等教育出版社 1999 年版,第 135 页。
③ 蔡林慧:《我国行政权力监督体系的完善和发展研究》,上海三联书店 2014 年版,第 19 页。

第三章
重大行政决策及其监督地方立法[①]的发展与分析

在依法治国、建设社会主义法治国家的大背景下，我国地方政府开始了对重大行政决策程序规范的率先探索。探索经历了不同的发展阶段，我国重大行政决策及其监督的地方立法从无到有且发展迅速。不断发展的立法实践运作，既是对重大行政决策程序规范认识的法律固定，也为进一步完善重大行政决策程序制度设计提供了有益的经验，为中央立法作了必要的准备。

一、重大行政决策地方立法的探索与发展

我国重大行政决策法治化在理性层面首先是自上而下的一种推动，同时也是基于经济、社会发展自下而上的内在现实要求。在这两种力量的作用下，地方率先开始了实践层面的立法探索，其发展经历了两个重要阶段，重大行政决策监督的理论与制度在这个过程中得以迅速发展完善。

（一）地方立法探索的开始

汕头市在全国首先开启了地方政府重大行政决策程序法治化的第一步。汕头市人民政府为贯彻落实党的十五届六中全会精神，实践"三个代表"重要思想，进一步转变工作作风，密切政府与群众的联系，调动广大

[①] 关于地方立法的范围学者们有不同的观点，一般认为地方立法是指地方人大的立法，少数学者认为地方立法还应当包括有立法权的地方人民政府制定规章。基于我国地方对重大行政决策程序规范的实际状况，也为了行文方便，这里的地方立法除指地方性法规、地方政府规章之外，也包括县级以上地方人民政府及其部门制定的有关重大行政决策的规范性文件。

人民群众参与现代化建设的积极性，提高政府的决策和施政水平，促进经济和社会健康发展，就建立健全民主化、科学化决策机制，在2001年12月23日发布了《汕头市人民政府关于建立健全民主化、科学化决策机制的意见》（汕府〔2001〕201号）；为推进政府决策民主化、科学化，规范重大决策基本程序，2002年4月18日汕头市人民政府发布了《汕头市人民政府重大决策基本程序的规定》（汕府〔2002〕61号）。2003年1月杭州市为了进一步提高政府决策的民主化、科学化程度，增强决策的准确性和有效性，推进依法行政，加快经济和各项事业的发展，发布了《杭州市人民政府关于进一步完善全市经济和社会发展重大事项行政决策程序的通知》（杭政〔2003〕2号）。《中山市政府重大决策听证办法》于2003年3月19日实施。这些都是在2004年3月国务院《全面推进依法行政实施纲要》（以下简称《纲要》）发布之前，地方政府依据《中华人民共和国地方各级人民代表大会和地方各级人民政府组织法》和有关文件精神展开的探索。之后，在对重大行政决策程序规范的探索中，政府扮演了自上而下推动的重要角色，呈现出在中共中央和国务院指导性文件引领下，地方率先立法尝试，也即开启了地方政府立法规范重大行政决策的发展局面。地方对重大行政决策的程序规范，包括政府规章和其他规范性文件两种形式。

（二）地方立法探索的发展

从2004年3月国务院印发《纲要》到2019年5月国务院《重大行政决策程序暂行条例》（以下简称《条例》）的公布，地方政府重大行政决策立法探索的十多年大致可以分为以下两个阶段。

1. 第一阶段

从2004年3月国务院《纲要》的印发到2010年11月《国务院关于加强法治政府建设的意见》（以下简称《法治政府意见》）发布。2003年3月21日国务院印发了《国务院工作规则》，对科学民主决策程序问题作了专门规定，提出国务院及各部门要建立健全领导、专家、群众相结合的决策机制，完善重大决策的规则和程序，推进决策科学化、民主化。之后的《纲要》将"建立健全行政决策机制"作为建设法治政府目标的内容之一。在国务院这一规范性文件指引下，地方制定政府规章、行政规范性文件，规范重大行政决策权的实践迅速展开。除个别地方采用政府规章形式①之外，大部分主要是通过制订一系列规范性法律文件实现的。2008 年 5 月《国务院关于加强市县政府依法行政的决定》（以下简称《市县决定》），对行政决策的规范定向在重大行政决策程序上，提出了六项重大行政决策程序制度。这六项重大行政决策程序制度是听取意见制度、听证制度、合法性审查制度、集体决定制度、实施情况后评价制度、责任追究制度。在六项重大行政决策程序制度意见的推动下，重大行政决策程序制度建设得到地方各级政府及其部门的重视，地方对重大行政决策规范活动的提速，进一步促进了地方政府规章和其他规范性文件的制定。这一阶段迅速发展的地方立法呈现出两个特点：一是立法文件和规范性文件的总体数量增加；二是开始较多地采用政府规章的形式。到 2010 年 11 月发布《国务院关于加强法治政府建设的意见》（以下简称《法治政府意见》）止，据有学者统计，通过地方法律规范和规范性文件对重大行政决策（或事项）程序进行规定的省（区、市）级立法主要有 9 个，分别是：《青海省人民政府重大行政决策程序规定》（2009 年 4 月 1 日施行）、《云南省人民政府重大决策听证制度实施办法》（2009 年 3 月施行）、《湖南省行政程序规定》（2008 年 10 月 1 日施行）、《江西省县级以上人民政府重大行政决策程序规定》（2008 年 10 月 1 日施行）、《天津市人民政府重大事项决策程序规则》（2008 年 7 月 1 日施行）、《广西壮族自治区行政机关重大决策程序暂行规定》（2008 年 1 月 1 日施行）、《甘肃省人民政府重大决策程序暂行规则》（2007 年 5 月 1 日施行）、《重庆市政府重大决策程序规定》（2006 年 1 月 1 日施行）、《四川省人民政府重大决策专家咨询论证实施办法（试行）》（2004 年 12 月 27 日施行）。具有省级重大行政决策程序规范的省（区、市）约占全国 31 个行政单位（22 个省、5 个自治区、4 个直辖市，不含港澳台地区）的 29%。市级的主要有：《贵阳市人民政府重大行政决策合法性审查规定》（2010 年 4 月 1 日施行）、《苏州市人民政府重大行政决策程序规定》（2010 年 1 月 5 日施行）、《丽水市人民政府重大行政决策事项公示及听证办法》（2010 年 1 月 1 日施行）、《西安市人民政府重大行政决策程序规定》（2009 年 2 月 20 日施行）、《连云港市重大行政决策事项听证暂

---

① 2004 年 6 月发布的《重庆市行政决策听证暂行办法》、2005 年 5 月发布的《贵阳重大行政决策听证规定（试行）》。

行办法》（2009年4月7日施行）、《东莞市重大行政决策程序规定》（2010年2月4日施行）、《广州市重大行政决策程序规定》（2011年1月施行）、《大连市重大行政决策听证办法》（2009年8月1日施行）、《衡阳市人民政府重大行政决策程序规则》（2009年7月22日施行）、《武汉市人民政府重大行政决策事项听证办法（试行）》（2006年5月22日施行）、《鞍山市政府重大决策事项合法性论证程序规定》（2006年8月1日施行）、《赣州市人民政府重大行政决策规则》（2005年7月1日施行）、《太原市政府重大事项决策听证办法（试行）》（2005年11月1日施行）、《成都市重大行政决策公示和听证暂行办法》（2004年6月1日实施）、《昆明市政府重大事项决策规定》（2009年9月27日实施）、《杭州市人民政府关于进一步完善全市经济和社会发展重大事项行政决策规则和程序的通知》（2007年4月16日实施）等。代表性的区县级规范有：《保亭黎族苗族自治县人民政府重大行政决策规则》（2008年5月28日颁布实施）、《北京市大兴区人民政府重大行政决策暂行办法》（2009年7月15日施行）、《大竹县人民政府重大行政决策程序规定》（2009年8月14日颁布实施）等。① 这一阶段在中央统一政策的引领下，各地的立法探索快速展开，立法取得了极其宝贵的经验，同时在地方立法探索实践中也面临诸多问题需要进一步的探讨和解决。

2. 第二阶段

从2010年11月8日发布《法治政府意见》至2019年5月8日公布《重大行政决策程序暂行条例》（以下简称《条例》）。2010年11月发布的《法治政府意见》，提出了重大行政决策必经的五个基本程序，把公众参与、专家论证、风险评估、合法性审查和集体讨论决定作为重大决策的必经程序，更加明确重大行政决策规范的基本程序。2014年10月党的十八届四中全会通过的《中共中央关于全面推进依法治国若干重大问题的决定》（以下简称《依法治国决定》）指出，"健全依法决策机制。把公众参与、专家论证、风险评估、合法性审查、集体讨论决定确定为重大行政决策法定程序"，强调建立行政机关内部重大决策合法性审查机制，建立重大行政决策终身责任追究制度及责任倒查机制，将行政决策行为的规范

---

① 杨寅、狄馨萍：《我国重大行政决策程序立法实践分析》，《法学杂志》2011年第7期，第34-35页。

和监督提高到了一个新的水平。为确保党的法治政策的执行，2015年12月中共中央、国务院联合印发了《法治政府建设实施纲要（2015—2020年）》（以下简称《法治政府纲要》），在其中就完善行政决策程序提出了六项具体要求。六项要求是：完善依法决策机制，规范决策流程；增强公众参与实效；提高专家论证和风险评估质量；加强合法性审查；坚持集体讨论决定；严格决策责任追究，健全并严格实施重大行政决策终身责任追究制度及责任倒查机制。从监督角度看，在提出的六项具体要求中，特别应注意的是加强合法性审查和严格决策责任追究的规定，它们是行政决策内部监督的核心制度。关于合法性审查，提出要建立行政机关内部重大决策合法性审查机制，未经合法性审查或经审查不合法的，不得提交讨论。建立以政府法制机构人员为主体、吸收专家和律师参加的法律顾问队伍，保证法律顾问在制定重大行政决策、推进依法行政中发挥积极作用。关于严格决策责任追究，提出健全并严格实施重大决策终身责任追究制度及责任倒查机制，对决策严重失误或者依法应该及时作出决策但久拖不决造成重大损失、影响恶劣的，严格追究行政首长、负有责任的其他领导人员和相关责任人员的党纪政纪和法律责任。为落实以上三个文件的精神，地方对重大行政决策行为立法规范的探索逐步深入。这一阶段的特点是：各地县级以上人民政府结合地方实际进行的立法稳步发展，除采用综合性的重大行政决策程序的政府规章和其他规范性文件外，有关重大行政决策的单项程序立法和规范性文件大量出台，是出台文件数量最多的一个时期，呈井喷式增长态势。笔者根据北大法宝数据的统计，509项关于重大行政决策的地方政府规章和规范性文件中，在这一阶段发布的共373项，其中地方政府规章33项，地方政府规范性文件340项。其中2016年10月《上海市重大行政决策程序暂行规定》是省一级人民政府出台的最晚的关于重大行政决策地方性综合立法。此外，地方对重大行政决策规范的内容也更加细化，对前述文件中所涉及的制度内容的某一个方面或环节进行具体规定，有的还形成了更具体的配套的规定。例如，2017年4月淮北市人民政府法制办公室印发的《关于建立立法与行政决策咨询专家库的通知》、2016年12月衡水市人民政府办公室发布的《关于加强重大行政决策档案管理工作的意见（试行）》、2016年11月遂宁市人民政府办公室印发的《遂宁市人民政府重大行政决策出台前向市人大及其常委会报告制度的通知》等，关于行政决策程序制度中具体环节某一问题的规定，对于细化程序规范、增强操作性进行了有益的探索。

通过地方对重大行政决策程序规范十几年的探索,取得丰富经验和面临诸多问题需要解决的情况下,中央立法进入了实质性操作阶段。2016年国务院将《重大行政决策程序暂行条例》列入《国务院2016年的工作计划》,并作为全面深化改革急需的项目。2017年6月9日,发布了《国务院法制办公室关于〈重大行政决策程序暂行条例(征求意见稿)〉公开征求意见的通知》,并于2017年7月8日征求意见截止,立法进入了最后冲刺阶段。之后,又历时近两年,2019年5月8日公布《重大行政决策程序暂行条例》,自2019年9月1日起施行。

二、关于重大行政决策地方立法状况的梳理

从2001年深圳市规范重大行政决策程序的探索,到2017年《国务院法制办公室关于〈重大行政决策程序暂行条例(征求意见稿)〉公开征求意见的通知》公开向社会征求意见,再到2019年5月8日颁布的《重大行政决策程序暂行条例》,在地方长达近二十年的规范重大行政决策程序的立法实践中,产生了众多的政府规章和规范性文件。研究这一过程立法的状况是了解我国重大行政决策监督法治化进程、认识重大行政决策监督法治化发展状况的重要路径。我们主要通过北大法宝以"重大行政决策"为关键词进行检索取得了基本数据①。以取得的数据为基础,梳理地方重大行政决策立法的状况。具体对省级人民政府和省级人民政府所在地的市进行分析。

(一)立法时间和地域分布

规范行政决策程序的实践最早于2001年在汕头、杭州、中山等地开始,这属于经济发展前沿地区的个别情形。市场经济的迅速发展提出了行政法治发展的要求,开始了对行政决策程序规范探索的实践尝试。2004年国务院的《纲要》发布后,在《纲要》的指引下,开启了地方对重大行政

---

① 截至2019年6月18日,在北大法宝检索的状况是:以"重大行政决策"为关键词,共检索到615条相关信息,其中地方政府规章41条,行政规范性文件468条,其他工作文件106条。

决策的逐步探索。2005年重庆率先制定了《重庆市政府重大决策程序规定》，其后有黑龙江省、天津市人民政府制定了关于重大行政决策程序的地方政府规章，颇具代表性的是湖南省2008年4月制定的《湖南省行政程序规定》，其中对重大行政决策程序做了专门性规定。2008年5月国务院《市县决定》推动政府规章和其他规范性文件制定形成一个小的高潮，江西、青海两个省级人民政府制定了重大行政决策程序规定，其中江西省的适用范围广，包括县级以上人民政府。这一阶段省级以下的市、县人民政府对行政程序的规定增多。从2010年《法治政府意见》到2014年《依法治国决定》的发布，对行政决策的程序性规范又进入了一个新的阶段，地方立法的数量迅速提升、内容逐步拓展。到2016年10月《上海市重大行政决策程序暂行规定》发布，有21个省级地方制定了有关重大决策程序的规定。从统计数据看近三年地方立法数量的比例大幅攀升，地方政府规章和地方规范性文件共计91件，其中地方政府规章11件，约占全部41件的27%，政府规范性文件80件，约占全部的468件的17%。

从地域来看，目前除西藏自治区之外，其他30个省级行政区域（包括省、自治区、直辖市）均有关于重大行政决策程序的规定（包括单项规定），分布广泛。以省级人民政府重大行政决策程序规定为例，截至2019年6月18日，有21个省级人民政府出台了重大行政决策程序综合性规定①，占67.7%（见表3-1）。其中，根据国家统计局2011年6月11日东、中、西部和东北区域的划分办法，东部占所在10省区的60%，中部占所在6省区的66.7%，西部占所在12省区的75%，东北占所在3省区的66.7%。总体而言比例大致平衡，具体来看东部所占比例相对低一些，西北部的比例较高。从立法的时间和推进速度来看，中西部的省级人民政府对重大行政决策立法探索开始早，推进的速度快，如重庆、广西、湖南等省（市、区）；相比较而言，东部发达地区的速度相对要慢，比如经济发达的上海市2016年10月才制定关于行政决策程序的综合性立法，而北京市政府的重大行政决策立法计划搁浅，时至今日依然没有出台重大行政决策地方综合性立法。

---

① 所谓"综合性规定"，是指对重大行政决策所涉及的程序而作出的全面规定，包括地方政府制定的规章和其他规范性文件。

表 3-1 省级人民政府重大行政决策程序规定

序号	名　称
1	重庆市政府重大决策程序规定 重庆市人民政府令第189号（2005年11日1）
2	黑龙江省人民政府重大决策规则 黑政发〔2006〕52号（2006年6日26）
3	天津市人民政府重大事项决策程序规则 天津市人民政府令第5号（2008年2日23）
4	湖南省行政程序规定 湖南省人民政府令第222号（2008年4日17）
5	江西省县级以上人民政府重大行政决策程序规定 江西省人民政府令第168号（2008年8日20）
6	青海省人民政府重大行政决策程序规定 青海省人民政府令第68号（2009年2日10）
7	山东省行政程序规定 山东省人民政府令第238号（2011年6日22）
8	贵州人民政府重大决策程序规定 黔府发〔2012〕23号（2012年7日17）
9	福建省人民政府重大行政决策十条规定 闽政〔2013〕48号（2013年11日29）
10	湖北省人民政府重大行政决策程序规定（试行）鄂政发〔2013〕27号（2013年7日18）
11	广西壮族自治区重大行政决策程序规定 广西壮族自治区人民政府令第93号（2013年11日28）
12	山西省人民政府关于健全重大行政决策机制的意见（晋政发〔2015〕29号）（2015年7日21）
13	辽宁省重大行政决策程序规定 辽宁省人民政府令第297号（2015年10日19）
14	江苏省行政程序规定 江苏省人民政府令第100号（2015年1日6）
15	浙江省重大行政决策程序规定 浙江省人民政府令第337号（2015年8日31）
16	四川省重大行政决策程序规定 川府发〔2015〕24号（2015年4日24）
17	内蒙古自治区重大行政决策程序规定 内蒙古自治区人民政府令第209号（2015年3日16）
18	甘肃省人民政府重大行政决策程序暂行规定 甘肃省人民政府令第115号（2015年4日5）
19	宁夏回族自治区重大行政决策规则 宁夏回族自治区人民政府令第74号（2015年1日10）
20	云南省重大行政决策程序规定 云南省人民政府令第200号（2016年5日4）
21	山西省人民政府健全重大行政决策机制实施细则 晋政办发〔2016〕79号（2016年6日3）
22	上海市重大行政决策程序暂行规定 上海市人民政府令第47号（2016年10日31）

（二）立法形式和制定主体

从立法形式看，以上规定全部都是由地方政府制定的，具体形式有政府规章和其他规范性文件。从省一级的综合性规定看（见表 3-1），大部分（71%）采用了政府规章的形式，省级以下的人民政府及其工作部门，绝大部分采用其他规范性文件的形式。从北大法宝资料检索的状况看，政府规章只占总数的 7% 左右。之所以占比这么低，拥有地方立法权的机关数量有限是一个主要原因，但我们在资料的收集和整理过程中也发现，许多拥有地方立法权的政府机关，如省级人民政府所在地的市以及设区的市[①]还是更多地采用了制定其他规范性文件的形式。在形式上除采用综合性规定方法外，还有更多采用单项规定，即对重大行政决策程序中的某个程序作出规定的情形，如南昌市人民政府一次发布了 6 个有关重大行政决策程序的单项规定或办法[②]；还有采取综合性规定与单项程序规定并用的形式，譬如 2015 年 8 月 3 日山西省人民政府发布《关于健全重大行政决策机制的意见》，2016 年 6 月山西省人民政府办公厅印发《山西省人民政府健全重大行政决策机制实施细则》。其间，2016 年 4 月山西省人民政府印发了《山西省重大行政决策合法性审查办法》。

从制定主体看，分布非常广泛，且数量多。包括除乡镇一级人民政府之外的地方各级人民政府（又可以划分为拥有地方立法权的人民政府和没有地方立法权的人民政府），它们是规范性文件制定主体的主要部分，约占 91.1%；还有省级人民政府派出机构地区的行政公署，例如哈密地区行政公署制定的《哈密地区行政公署重大行政决策程序规定》；此外，还有县级以上人民政府所属有关部门制定的规范性文件，例如安徽省发展改革委颁布的《安徽省发展改革委重大行政决策程序规定（暂行）》，就北大法宝检索的数据来看所占比例约为 8.9%。

---

① 2015 年 3 月 15 日修改后的《立法法》，将地方立法权主体扩大到所有设区的市。
② 2010 年 12 月 25 日南昌市人民政府关于印发《南昌市人民政府重大行政决策听取意见办法》等六项办法的通知，公布了《南昌市人民政府重大行政决策听取意见办法》《南昌市人民政府重大行政决策听证办法》《南昌市人民政府重大行政决策合法性审查办法》《南昌市人民政府重大行政决策集体决定规定》《南昌市人民政府重大行政决策实施情况后评价办法》《南昌市人民政府重大行政决策责任追究办法》。

（三）立法的主要内容

从立法内容看，除立法的目的、适用范围、决策权行使的主体和原则等一般性问题外，主要涉及重大行政决策的概念和范围，重大行政决策的决定、执行、实施及其后整个过程的程序以及法律责任的规定。下面主要谈三方面的内容。

1. 重大行政决策概念的界定

行政决策并非传统行政法中的概念，重大行政决策概念的内涵、范围的界定就成为规定的核心内容之一，这是各地方在制定决策规范过程中面临的共同问题，也是必须解决的问题。

（1）关于重大行政决策法律概念内涵的规定。在综合性规定的政府规章或其他规范性法律文件中大都作了规定，在单项程序的规定中有的地方由于还没有综合性规定，也会涉及这一概念。由于在中央一级的指导性文件中已经有关于重大行政决策的论述，因此，在地方的重大行政决策程序政府规章或其他规范性文件中关于重大行政决策的概念有大致相同的表述。例如《山西省人民政府健全重大行政决策机制实施细则》第二条规定，"本实施细则所称重大行政决策是指省人民政府依照法定职权，对关系全省经济社会发展全局、社会涉及面广、与人民群众利益密切相关的重大事项作出的决定"。但也有个别地方采取了回避对概念阐释的做法而直接进行列举。

（2）关于重大行政决策的范围，也即外延的确定。为什么说"重大"使重大行政决策概念的外延总是处于模糊状态，缺乏明确的边界？必须对这个问题做出明确规定，从而明确决策规范适用的范围，增强可操作性。地方政府规章和规范性文件对这一问题的规定，具体可分为四种模式：第一种模式是未对概念的内涵进行界定，直接正面列举，例如黑龙江、重庆、上海即属于此类，其缺陷是难以涵盖所有的重大行政决策类型；第二种模式是概念界定加正面列举，这种模式首先界定了重大行政决策的内涵，同时正面列举重大行政决策事项，例如山西省就属于这种模式且规定较为详细;① 第三种模式是概念内涵界定加正、反面列举相结合的形式,例如邯郸市就采用此种方法,明确了哪些不属于重大行政决策事项,外延更加明确;第四种模式是采用目录机制的形式,广州、杭州、苏州、合肥等地属于这种情形,其操作方法是采用定期发布重大行政决策事项目录的方式,具体明确了哪些事项属于重大行政决策事项②。各地方立法的规定在具体的范围上大致相同。从时间上看,比较早期的一些地方行政程序规定将"提出地方性法规草案、制定政府规章"③ 作为重大行政决策的内容,2008年之后的立法就没有这样的规定,因此便不属于重大行政决策的范围了。

2. 重大行政决策程序与程序主体

(1) 关于重大行政决策程序。在《法治政府意见》《依法治国决定》《法治纲要》等中央指导性文件中对程序问题已经作出了明确的指引性规定,地方在立法尝试和制定规范性文件的过程中,在不同时间段基本上是依据指导性文件的事前、事中、事后环节作出规定的,与各文件对程序的规定有明显的对应性,五大决策程序制度在地方规范中得到了普遍确认。但出台比较早的省份在程序规定上没有这么清晰,如黑龙江、重庆就属这种情形,属于地方立法探索中的早期形态。

各地方立法的规定在具体情形上也有差异,制定规范较晚的上海市,其地方政府规章即《上海市重大行政决策程序暂行规定》,规定的程序规范内容简洁,共22条,其中用第六到二十条共15条规定了全部的程序,

---

① 《山西省人民政府健全重大行政决策机制实施细则》第四条规定:"下列事项应当列入省人民政府重大行政决策范围:(一)编制全省经济和社会发展战略,全省国民经济和社会发展规划、计划草案,审查城市总体规划、重点区域规划以及重大专项规划;(二)编制财政预算草案,安排重大财政资金;(三)确定一定规模以上的公共投资项目,配置重要公共资源;(四)制定政府职能转变、转型综改试验区建设、社会建设和城市管理等方面的重大改革创新政策和措施;(五)制定开发利用和保护土地、矿藏、水流、森林、荒地、湿地等重要自然资源的重大措施;(六)制定或者调整涉及全省的行政收费标准、政府性基金征收标准以及实行政府定价的重要公用事业、公益性服务价格;(七)制定劳动就业、社会保障以及医疗卫生、教育、文化体育、公共交通、物价、住房、旧城区改造等涉及全省社会分配调节、保障和改善民生的重大政策和措施;(八)制定或调整涉及全省社会稳定、公共安全等方面的重大政策和措施;(九)其他具有全局性、长远性影响,或者与公民、法人、其他组织利益密切相关的重大事项。"

② 王万华、宋烁:《地方重大行政决策程序立法之规范分析——兼论中央立法与地方立法的关系》,《行政法学研究》2016年第5期,第31-32页。

③ 2005年《重庆市政府重大决策程序规定》第三条。

包括决策启动、公众参与、专项听取意见、专家论证、风险评估、决策草案完善、决策草案报送、特定情形下决策程序的终止、合法性审查、政府法律顾问、相关部门审核、集体讨论决定、决策公布和解读、决策后评估、决策的调整、中止和终止①。另一种是规定的内容较为具体、详尽，如山西省在发布《山西省人民政府健全重大行政决策机制的意见》的基础上，又发布了《山西省人民政府健全重大行政决策机制实施细则》（以下简称《实施细则》），该《实施细则》第二章到第八章共7章44条，规定了决策动议、公众参与、专家论证、风险评估、合法性审查、集体讨论决定、执行与后评估的程序问题。在单独的程序制度规定中，关于合法性审查制度的规定最多，根据检索资料的统计，省级人民政府制定的政府规章和规范文件共有22件，其中合法性审查文件共9件，约占41%；其次是听证和专家咨询的规定；再后是实施后评估和责任追究的规定。

（2）关于重大行政决策程序主体。由于程序涉及事前、事中和事后，每一阶段决策的内容不同，参与决策的主体也不同。根据是否拥有决策权可将决策主体分为内部主体和外部主体两大类。整体而言，参与到程序中的主体广泛，具体包括国家机关、社会公众、专家、民主党派、人民政协、社会团体、政府法律顾问以及第三方机构等。

学者王万华对此问题进行了较为详细的研究，关于内部主体，他认为重大行政决策涉及的行政机关很多，包括决策机关、决策承办部门、决策事项相关部门、决策批准机关、决策执行机关、决策监督机关、决策机关和决策承办部门法制机构等。不同类型行政机关之间形成横向与纵向两类关系：形成横向关系的有决策承办部门与决策事项相关部门之间，决策机关（决策承办部门）与法制工作机构之间；形成纵向关系的有决策承办部门与决策机关之间，决策机关与决策批准机关之间。认为现行地方立法中多数地方立法对行政机关与公众、专家等外部主体之间的法律关系的规定比较清晰，而关于内部不同机关、不同部门之间的职责分工与衔接、机关之间的协力等内部法律关系的规定比较薄弱，而这正是实践中重大行政决策综合决策不足、部门决策色彩过强的制度上的薄弱环节②。

---

① 2016年《上海市重大行政决策程序暂行规定》。
② 王万华、宋烁：《地方重大行政决策程序立法之规范分析——兼论中央立法与地方立法的关系》，《行政法学研究》2016年第5期，第32-33页。

外部主体包含的种类众多。社会公众是指公民、法人和其他组织，属于决策中的外部主体，与决策机关之间形成外部法律关系。社会公众参与重大行政决策的目的是维护社会公共利益，但也有自身的利益诉求，保障他们在决策中的利益诉求得到充分有效的表达是制度构建的重点。尽管社会公众参与重大行政决策实践中存在的问题较多，但在制度层面已被地方立法较多关注。社会公众在重大行政决策过程中的知情权、参与权为地方立法普遍重视，如一些地方立法中规定了公民、法人和其他组织的决策建议权①。专家也属于决策中的外部主体，其参加到重大行政决策过程中为决策提供技术的理性支撑，参与重大行政决策的科学性论证，目前地方立法对专家的遴选条件、专家库建设、专家论证机制等大多已有比较明确的规定。第三方专业机构在决策中的作用是接受委托承担决策中专业性工作，包括起草决策方案草案，开展对政策方案草案的民意调查，接受委托开展决策社会风险评估、决策实施效果评估等。决策事项会涉及政府与人大、政协的关系，少数地方立法对此有所涉及，要求政府主动征求人大、政协机关的意见②。政府法律顾问在决策中的角色是对重大行政决策进行合法性审查，政府法律顾问部分为律师与高校专家。《依法治国决定》要求积极推行政府法律顾问制度，保证法律顾问在制定重大行政决策、推进依法行政中发挥积极作用。2016年6月，中共中央办公厅、国务院办公厅印发了《关于推行法律顾问制度和公职律师公司律师制度的意见》，指出"为重大决策、重大行政行为提供法律意见"是党政机关法律顾问的主要职责之一。

3. 重大行政决策监督制度的规定

关于重大行政决策监督制度的规定，从现有规定来看制定主体全部为行政机关，所有规定均属于狭义行政立法和行政规范性文件。有关重大行政决策监督包括两个方面的内容：一是行政机关系统内部关于重大行政决策的监督制度；二是外部监督主体对重大行政决策行为的监督。

---

① 譬如2013年7月《湖北省人民政府关于印发湖北省人民政府重大行政决策程序规定（试行）》第七条第五项规定："公民、法人或者其他组织认为某些重大事项需要政府决策的，可以向省人民政府提出决策建议；省政府办公厅应当在审查后将合理的建议征求相关部门意见，经分管副省长审核后报省长确定。"

② 王万华、宋烁：《地方重大行政决策程序立法之规范分析——兼论中央立法与地方立法的关系》，《行政法学研究》2016年第5期，第33页。

关于外部主体的监督，在相关规定中是以参与制定行政决策、监督行政决策的主体出现，如以社会公众参与的形式出现；有个别地方规定了人大、党委、政协监督的情形，如湖北省、广西壮族自治区、洛阳市规定了政府主动征求人大、政协机关的意见。湖北省规定决策承办单位可邀请省人大常委会有关专门委员会或工作机构提前介入重大行政决策的前期工作，沟通交流工作情况，认真研究对拟决策事项提出的意见，并作出答复；决策承办单位应积极主动向省政协通报拟决策事项的有关工作情况，与省政协有关委员会交换意见，认真听取政协组织对草案的意见和建议，支持政协委员就重大行政决策开展调查论证。对省政协提出的重要意见和建议，省人民政府及决策承办单位应当认真采纳、积极反馈。如遂宁市就规定了接受人大和党委监督的要求①。以地方政府规范性文件的形式将同级人大、政协、党委等规定为政府重大行政决策的监督主体值得肯定，这有利于构建政府与它们之间的监督关系。以行政机关作为监督主体的内部监督制度主要包括重大行政决策合法性审查制度和重大行政决策终身责任追究制度。前一项制度是关于重大行政决策提出、决策制定过程等关于决策出台前的监督制度；后一项制度是重大行政决策实施过程中或决策实施完毕后的监督制度。以行政机关之外的力量为监督主体的外部监督制度较多，譬如典型的社会公众监督，贯穿于行政决策的制定、执行及执行完毕的始终；又如重大行政决策实施评估及后评估制度，是社会第三方参与监督的重要制度，是内部责任追究制度的配套制度。在重大行政决策综合性的政府规章和其他规范性文件中，前述制度均会有专门条款或专章作出规定，但规定得相对比较简单。有些地方会单独出台有关的专门立法，对这些程序制度作出较为详细的规定。其中关于合法性审查制度的专项规定最多，其次为公众参与制度。目前，这些制度基本构建起了我国地方行政机关重大行政决策内部与外部监督制度的机制体系。

---

① 2010年7月2日印发的《遂宁市重大行政决策程序规定》（遂府发〔2010〕7号）第三十条规定："重大行政决策依法应当提请人民代表大会或其常务委员会审议决定的，提出决策意见后，依法提请人民代表大会或其常务委员会审议决定。""重大行政决策需报党委或上级行政机关批准（备案）的，行政首长作出决策后，按程序报党委或上级行政机关批准（备案）。"

三、对地方重大行政决策监督立法的分析

就地方重大行政决策政府规章和规范性文件的规定整体而言,已经为中央立法积累了相当多的经验,也提出了许多需要解决的问题,为立法找到了方向。从现有地方立法角度而言,整体上也可看到重大行政决策监督规范中存在的问题,以下的分析试图为重大行政决策监督机制的完善提供一些可供参考的思路。结合重大行政决策地方政府规章和规范性文件的规定,以国务院公布的《条例》之前的地方立法为对象,分析从以下两个方面展开。

(一) 从立法一般层面的分析

从时间和地域看行政决策法治化推进状况,需要中央立法的统领和促进。规范重大行政决策程序是对政府行政决策权的监督,是法治政府建设的一项重要内容,对于整体推进法治政府建设水平有重要的意义。观察已有的关于重大行政决策政府规章及规范性文件,在时间和地域、内容上有明显差异。

从2001年深圳开始对行政决策予以规范,2004年《纲要》颁布后地方立法对重大行政决策规范逐步展开,到2016年《上海市重大行政决策程序暂行规定》公布,在中共中央、国务院文件精神的引领下,开始了重大行政决策自上而下的推动和自下而上的探索。但就省一级政府层面重大行政决策综合性规定看,只有16个省、自治区、直辖市制定了政府规章,刚刚超过半数;如果加上其他规范性文件,则有21个省、直辖市、自治区,占总数的67.7%。这个比例是不高的,法治化的程度有待提高。相比较而言,西部经济欠发达地区的地方立法和制定其他规范性文件的时间早、涉及面广,东部经济发达地区相对滞后,如北京、上海就属于这种情形[①]。当然也应当注意到,北京、上海作为我国经济最发达的区域,经济

[①] 比如北京市在2011年《北京市人民政府关于加强法治政府建设的实施意见》中就计划在"2011年底前,研究制定重大行政决策程序性规定",但时至今日依然没有出台;上海市在2013年就发布了《上海市重大行政决策程序规定(草案)》,征询公众意见的公告,直到2016年10月才公布了《上海市重大行政决策程序暂行规定》。

社会利益关系复杂，在发展上有其特殊性，从省一级政府地方立法进程的缓慢也可见其艰难。对重大行政决策进行程序规范，在本质上是对行政决策权的控制，有学者分析认为，这其中涉及中央与地方的权力关系问题。改革开放以来，中央与地方关系遵循的基本原则是发挥"中央和地方两个积极性"。在行政决策程序规定这一维度，中央统一的政策性文件的指导加强了中央的权威，但各地方有根据自身特殊情况选择执行政策的策略空间①。这种选择首先体现在时间上，表现为有些地方立法进程缓慢。这种缓慢在整体上表现为对行政决策权的监控出现了时间和地域上的不平衡。马怀德教授认为，"包括行政决策在内的各类重大决策处于无法可依的状态，中央层面尚无规范重大决策行为的法律法规。即使个别有立法权的地方人大或者地方政府制定了部分重大决策程序规定，也只占我国全部省份和城市的一小部分，且存在地域不平衡、制度缺乏可操作性、制度不落实等问题"②。

  从重大行政决策地方立法内容来看，共同面临的问题需要中央立法予以解决。有相当数量的省一级行政机关虽然没有自己综合性的行政程序规定，但将某一个程序规定作为立法突破口，或者是由其下级行政机关率先对重大行政决策程序的整体或者部分程序内容作出规定。更有地方在内容选择上，关注了程序中的某些细节，如汕头市出台了《汕头市人民政府重大行政决策量化标准规定》。这些实践所取得的经验，为中央立法做了一个基本的准备。在具体的内容上有关重大行政决策概念的规定，是理论界集中讨论的问题。虽然各地规定在概念的界定上是基本一致的，但反映到各地方政府规章和其他规范性文件中，在外延界定上甚至有些地方差异是比较大的；还有就是规定本身就不够清晰。这些情形会导致对行政决策权控制范围上的不同或在实际操作中无法把握，在事实上存在监督范围的差异也较大。各地的经验，例如目录制度的创新是非常值得借鉴的，结合各地实际，明确了重大行政决策的事项，也就明确了对重大行政决策权的控制范围，防止监督的空挡出现，有利于克服行政决策权的滥用。但也应该注意，在实践中显现了较多问题，具体表现为决定一项决策是否加入重大

---

① 于君博、童辉：《走向程序正义——对我国重大行政决策程序规定的文本分析》，《长白学刊》2017年第3期，第63页。

② 马怀德：《完善权力监督制约关键在于决策法治化》，《中国党政干部论坛》2015年第3期，第20页。

行政决策目录的标准不够明确，自由裁量权较大，可能会被滥用，规避了应当接受的监督等，实践中就有这样的实例①。这些问题的存在，需要加强对目录制度的规范，避免滥用自由裁量权，任意缩小监督范围的现象发生。在行政决策程序和程序主体的规定方面，也存在明显的差异，如有些地方立法延伸了行政程序的环节，加强了对重大行政决策权控制的同时，由于规定不够具体，也会导致决策效率的降低与决策权力和决策责任的分化，如对发表咨询意见的专家承担法律责任的规定②就值得讨论，对专家咨询的性质及其法律地位问题、专家咨询的风险控制等也需要进一步深入探讨。

（二）从立法监督角度的分析

从重大行政决策地方立法中有关监督的规定来看存在诸多问题。下面具体分析合法性审查、责任追究两项典型制度以及配套的重大行政决策后的评估制度和档案制度等。

1. 关于重大行政决策合法性审查制度

合法性审查制度是重大行政决策政府规章和规范性文件中涉及最多的制度，是重大行政监督制度中最重要的制度之一。这一制度作为行政系统内部的监督制度，有其存在的价值，是行政权的自我约束，是行政自制的具体体现。整体上看，这一制度存在的问题是综合性立法或规范性文件中相关规定过于简单，或者表现为一个或几个条文，或是一章的内容，而单项立法相对具体一些，但也只对少数地方作出规定。根据北大法宝资料的统计，规定重大行政合法性审查制度的，在地方政府规章层面还没有，省会城市只有贵阳，其他级别的两个城市为唐山和汕头。在地方政府规范性文件层面，省级人民政府规定的有广西、河北、山西、湖南、江西、山东

---

① 2010年4月，武汉黄鹤楼公园在未召开听证会的情况下将门票从50元提高到80元。遭到公众质疑后，湖北省物价局表示该省所有旅游景点的门票都未列入《湖北省价格听证目录》，因此调价不需要听证。又如，2012年7月，长沙岳麓书院与新开放的中国书院博物馆实行统一售票，门票由每人次30元调整为每人次50元。遭到质疑后，湖南省物价部门表示：目前湖南省游览参观点只有年购票参观人次50万以上的重要风景名胜景区才列入听证目录，而岳麓书院尚未达到该标准，因此不在听证目录之列。卢剑华：《我国重大行政决策制度存在的问题及其完善》，《时代法学》2016年第4期，第25页。

② 《山西省人民政府健全重大行政决策机制实施细则》第五十三条规定，"受委托的专家、专业机构不客观公正提出论证、评估意见，造成严重后果的，依法追究其相应法律责任"。

和四川；省会城市有合肥、石家庄、太原、沈阳、昆明、济南、呼和浩特和武汉；还有其他级别的城市，如邯郸、深圳、廊坊、郴州、永州、衡水、淮北、淮安等市以及自治州、县等；此外还有一些政府部门制定的合法性审查制度，如2017年《合肥市畜牧水产局重大行政决策合法性审查制度》。

重大行政决策合法性审查制度设计中所存在的最突出问题有两个：一是审查主体地位不独立，在实践中遭遇了现实的困境。该制度一般规定重大行政决策出台前应由政府法制机构作为审查主体，对重大行政决策的合法性进行前置审查，审查不合格的不得提交审议。政府法制机构是政府法制管理与法律事务的办事机构，也是政府职能部门法制工作的指导机关。因此，政府法制机构在重大行政决策合法性审查过程中缺乏相对独立的地位，审查结果的公正性容易被质疑。二是关于审查程序的规定不够具体，特别是在一些细节性的规定上有所欠缺，在实践中无法规范操作。例如合法性审查最终需要给出审查结论，但采取怎样的形式作出这一结论，在有些地方立法中并没有明确的规定，导致实践当中的随意性无法避免，合法性审查的实效性受到影响。合法性审查的目的是通过审查这一程序设置，在程序正义的前提下，保障重大行政决策的科学和民主，最大限度地维护社会公共利益。如果立法规定的原则不够具体，操作的规范性差，监督的目的就难以达到。

2. 关于重大行政决策责任追究制度

重大行政决策责任追究制度是一个典型的事后监督制度，目的在于强化对决策权的约束和监督。在重大行政决策综合性的地方立法中都对这一制度作出了规定，有些地方有单项的专门规定，但不论是地方政府规章还是规范性文件，不同层级规定的总数量不多。总体而言探索取得了一定进展，但由于国家层面的行政权运行程序缺乏统一规范，没有制定统一的行政程序法，问责缺乏程序性的、具体的国家法律依据可循。虽然现行立法中《公务员法》的有关规定[①]可以作为重大行政决策责任追究的上位法依据，但其属于一般性的规定，还不够具体化。国务院的规范性指导文件，

---

① 《公务员法》第五十三条规定的第一项到第九项，第十三项的规定。第八十二条的第三款："领导成员因工作严重失误、失职造成重大损失或者恶劣社会影响的，或者对重大事故负有领导责任的，应当引咎辞去领导职务。"第四款："领导成员应当引咎辞职或者因其他原因不再适合担任现任领导职务，本人不提出辞职，应当责令其辞去领导职务。"等等。

如《纲要》对此问题有规定,指出:"要按照'谁决策、谁负责'的原则,建立健全决策责任追究制度,实现决策权和决策责任相统一。"[①] 这是重大决策责任制度建立的直接依据,有重大的指导意义,但过于抽象,无操作性。现有的地方政府规章立法数量有限,大多属于规范性文件,内容差异也较大,规范化和法制化程度不高,规范效力不足且覆盖范围有限。综合各地方立法等相关规定来看,决策责任制度的规定尚处于混沌状态,对于问责主体、问责原则、问责程序、问责事由、责任类型与责任承担方式等重要方面的内容均无具体规定[②]。相关配套制度的欠缺,使责任追究制度在现实中的实施状态不理想,实效性不强。

3. 其他重大行政决策监督的配套制度

重大行政决策监督配套的制度有很多,其中重要的有与合法性审查制度配套的档案制度,与问责制度配套的后评估制度和档案制度。这两项制度现在虽然在地方立法中有一般性的规定,有些地方还专门制定了后评估制度和档案制度,但总体而言数量较少,操作性差,不尽完善。

(1) 重大行政决策后评估制度。所谓重大行政决策后评估制度,是指规范和调整地方政府重大行政决策后评估的相关规范、程序设计和制度准则等的总称。作为一种制度设计就是要保证重大行政决策后评估是一个规范行为、是一个受法律调整的行为、是一个能够对相关的当事人产生约束力的行为,是对后评估的规范化和制度化的处理问题[③]。但自2004年《纲要》发布到2008年之前,地方政府进行的一系列重大行政决策程序规范中,有关重大行政决策后评估制度的规定几乎没有。譬如2005年的《重庆市政府重大决策程序规定》、2006年的《黑龙江省人民政府重大决策规则》中均没有对后评估制度作出规定。

2008年《湖南省行政程序规定》第四十四条规定:"决策机关应当定期对重大行政决策执行情况组织评估,并将评估结果向社会公开。"这一规定是对地方重大行政决策后评估制度的原则性规定。同年8月,《江西

---

① 《全面推进依法行政实施纲要》指出:"要加强对决策活动的监督,完善行政决策的监督制度和机制,明确监督主体、监督内容、监督对象、监督程序和监督方式。要按照'谁决策、谁负责'的原则,建立健全决策责任追究制度,实现决策权和决策责任相统一。"
② 周叶中:《重大行政决策问责机制的构建》,《广东科学》2015年第2期,第227-233页。
③ 梁玥:《地方政府重大行政决策后评估制度研究》,《苏州大学学报》2013年第5期,第87-88页。

省县级以上人民政府重大行政决策程序规定》第二十四条规定："县级以上人民政府应当建立政府重大行政决策实施情况后评价制度，通过抽样检查、跟踪调查、评估等方式，及时发现决策执行中存在的问题，适时调整和完善决策。"并明确规定了后评估制度采用的评估方式，对通过评估发现决策执行中存在的问题提出了相应的解决办法。这一制度开始为更多的地方立法所关注。2015年12月，中共中央、国务院印发的《法治政府纲要》中提出，"决策机关应当跟踪决策执行情况和实施效果，根据实际需要进行重大行政决策后评估。"重大行政决策后评估成为法治政府建设的一项重要创新制度。这一制度在之后的重大行政决策一般立法中得到了普遍确认，但这一制度的发展比较缓慢，截至目前，只有贵州、南宁、合肥、宁波、平凉、淄博、许昌、芜湖、来宾、达州、遂宁等省市对后评估制度作了专门性的规定。后评估制度作为一项独立的监督制度和与其他制度相配套的监督制度在实施过程中也存在诸多问题，不论是自行评估还是委托第三方评估，评估往往存在规范性差、流于形式的问题，制度的监督功能难以发挥。

（2）重大行政决策档案制度。2015年中共中央、国务院《法治政府纲要》要求，强化决策法定程序的刚性约束，集体讨论情况和决定要如实记录、完整存档。由此重大行政决策档案管理制度成为重大行政决策的一项重要制度。重大行政决策档案是指在重大行政决策过程中直接形成的对国家和社会具有保存价值的各种文字、图表、声像、电子、实物等不同形式的历史记录。加强重大行政决策档案管理工作，是规范重大行政决策程序、落实重大行政决策责任的迫切需要，是提高重大行政决策质量，增强决策公信力和执行力的重要保障，对于减少并及时纠正违法决策、不当决策、拖延决策具有重要作用。

重大行政决策档案制度的有关规定，既体现在重大行政决策的综合性规定中，也以重大行政决策的单项规定形式存在。但对此制度作出的专门性规定屈指可数，主要有承德市政府、邯郸市和衡水市法制办发布的重大行政决策档案管理的规范性文件；还有江西省法制办、九江市政府办公厅发布的有关案件标准的规范性文件。但总体而言规定得比较简单，单项规定层级较低，多数为行政管理的内部文件。目前，各级各类行政机关在行政决策过程中会形成大量材料，内容涉及决策启动阶段和公众参与、专家论证、风险评估、合法性审查、集体讨论决定阶段，以及决策执行、监督检查和后评估阶段的资料。由于缺乏有效的管理制度，或者制度过于粗陋，操作性不强，存在材料保存不全、保管不善等诸多问题，迫切需要完善档案管理制度，其中特别需要建立案件标准制度。通过建立和完善档案制度，使参与重大行政决策相关阶段的程序、具体环节的所有记录资料形成档案得以保存，且能够确保决策档案完整、详尽和安全，行政决策事项结束后及时移送决策相关文件材料原件到相关的档案机构并留存副本。

第四章
重大行政决策及其监督的中央立法评析

重大行政决策法治化作为我国法治政府建设的重点，其立法实践首先是从地方开始的。在地方对重大行政决策规范近20年的探索之后，2019年5月8日发布的《重大行政决策程序暂行条例》，是在各地立法经验基础上的提升与新的尝试。一方面在借鉴各地方立法经验的基础上，将关于重大行政决策的规范由地方立法推向了中央立法层面，针对地方立法中认识上的不一致、具体规定不统一的情形，为各地立法的完善提供一个框架性指引，力求解决地方重大行政决策立法中普遍存在的问题；另一方面将从整体上改变地方立法在时间进程和区域立法上的不平衡状况，运用中央立法的方法推进我国地方政府重大行政决策监督法治化整体水平的提高。

一、重大行政决策中央立法的发展

重大行政决策中央立法，一方面是基于地方立法的经验，另一方面是建立在学界关于这一问题的理论探讨之上。中央立法包括全国人大及其常委会的国家立法和国务院行政法规。重大行政决策的中央立法是从国务院的行政立法开始的，经历了《重大行政决策程序暂行条例（征求意见稿）》（以下简称《征求意见稿》）阶段之后正式出台了《重大行政决策程序暂行条例》（以下简称《条例》）。

（一）重大行政决策中央立法的准备

我国重大行政决策自下而上的立法路径选择，使中央层面的立法有了地方立法实践的坚实基础，有诸多的经验可以借鉴。在地方立法实践过程中，学界对这一问题进行了全面而深入的探讨，不仅为地方立法的发展提供了重要的理论参考，也为中央立法提供了基本的理论准备。

1. 以地方重大行政决策程序立法实践为基础

（1）自上而下推进的地方重大行政决策立法实践。随着我国法治建设进程的加速，20世纪90年代末，"依法治国、建设社会主义法治国家"被写进宪法。加强法治政府建设、行政决策法治化提上了日程。在自上而下的推进过程中，中央政府——国务院是重要的推动力量，在推进依法行政和法治政府建设过程中，重大行政决策法治化是重要内容之一。党的十八大以后，中共中央成为推动的核心力量，强力推进依法治国、建设法治政府，重大行政决策法治化是其中的重要内容。

2003年4月国务院《全面推进依法行政实施纲要》（以下简称《纲要》）出台，开启了我国政府依法行政的进程，推进行政决策法治化是其中的重要内容，提出"建立、健全行政决策机制"，将"科学化、民主化、规范化的行政决策机制和制度形成"作为法治政府建设的一项基本内容。2008年的《国务院关于加强市县政府依法行政的决定》（以下简称《市县决定》），将政府依法行政的重点放在了地方的基层市县，其中，六项重大行政决策程序制度的规定极大地促进了基层对行政决策法治化的认识和实践的推进。2010年11月《国务院关于加强法治政府建设的意见》（以下简称《法治政府意见》），提出加强行政决策程序建设，健全重大行政决策规则，推进行政决策的科学化、民主化、法治化。要坚持一切从实际出发，系统全面地掌握实际情况，深入分析决策对各方面的影响，认真权衡利弊得失。要把公众参与、专家论证、风险评估、合法性审查和集体讨论决定作为重大决策的必经程序。2014年10月，党的十八届四中全会通过的《中共中央关于全面推进依法治国若干重大问题的决定》（以下简称《依法治国决定》），进一步明确重大行政决策的五大程序应为法定程序。2015年12月《法治政府建设实施纲要（2015—2020年）》（以下简称《法治政府纲要》）进一步对完善重大行政决策程序提出六项具体要求。可以看出中央和国务院对这一问题的认识也是逐步深化的，是在实践中不断推进的，地方立法实践就是在这些文件的指引下逐步展开的。

（2）基于地方立法实践基础上的中央立法。地方政府对重大行政决策程序的规范，依托以上重要文件的原则性规定展开，各地结合自己的实际情况逐步展开立法并得到迅速发展。但由于各地方在认识和实际状况方面的不同,立法选择的方式和侧重也各有特点,立法的内容上也存在一定差异。整体而言是由于缺乏中央层面立法的指引和支撑,因此需要中央层级立法的出台。由于地方重大行政决策近20年的立法实践先行,采取了地方政府规章和规范性文件的方式,产生了500多项地方关于重大行政决策的综合性立法和单项立法,积累了丰富的地方立法经验,也显现了立法中存在的问题和困境。所有这些都为中央立法提供了有益的经验,也提出了需要解决的问题,明确了中央立法的方向。

中央层面的立法包括全国人大及其常委会的国家立法和国务院制定的行政法规。迄今为止对重大行政决策的规范均在行政系统内部。显然,仅仅基于已有地方政府立法的经验,由全国人大常委会制定重大行政决策立法的条件还不成熟。行政决策权作为行政权的重要组成部分,首先从行政系统内部开始,基于行政自制,加强对重大行政决策的中央立法成为必然选择。为落实中央关于规范重大行政决策程序的立法要求,在地方立法实践经验日益积累的基础上,国务院着手起草了《重大行政决策程序暂行条例(征求意见稿)》,在地方立法的基础上国务院关于重大行政决策立法的探索迈出了重要的一步。

2. 以学界重大行政决策程序问题探讨为依托

行政法学界对行政决策法治化研究的关注主要是在2004年《纲要》发布之后,从我国的现实状况出发,将研究重点由行政决策转向对重大行政决策程序规范的研究①。研究的内容可以概括为两个方面:一是对基本问题的研究,主要集中在对重大行政决策概念的界定、性质、地位和分类等,重大行政决策范围的界定和基本程序包括的步骤、方式和参与主体及其关系,以及重大行政决策的监督等问题。二是对具体制度的研究,以程序制度为核心展开,或者是对重大行政决策程序进行整体性研究,或者是对某一项程序制度进行研究。

---

① 从对知网文献的搜索看,以"行政决策法制"为主题,共搜索到15篇期刊论文,最早发表于2006年;以"行政决策法治"为主题,共搜索到期刊论文195篇,最早发表于1999年;以"重大行政决策法治"为主题,共搜索到112篇期刊论文,最早发表于2007年;以"重大行政决策程序"为主题,共搜索到208篇期刊论文,最早发表于2004年。对以上统计数据的梳理和分析表明,行政学学者对这一问题的研究介入较早、较多,法学学者以"重大行政决策法治""重大行政决策程序"为主题的研究论文居多。访问时间为2019年6月23日。需要说明的是前期的研究多使用"法制"概念,后期的研究多使用"法治"概念,这与中共中央国务院文件中概念使用有关,也取决于学者们对这一问题的认识。

（1）对重大行政决策基本问题的研究。对基本问题的研究很多，这些研究有助于我们从法律的角度更准确地认识重大行政决策。其中两个基本的理论问题需要特别关注。

一是关于重大行政决策的性质问题。重大行政决策的性质在本质上与行政决策的性质相同。从行政法的角度出发，有学者认为它既是一个具体行政行为，又是一个抽象行政行为；也有学者认为它既不同于具体行政行为，又不同于抽象行政行为，是一种新的行政行为类型。但研究者一般将其界定为抽象行政行为，是具体行政行为展开的依托。这一认识就把行政决策行为纳入了行政行为的法律框架之中，明确了行政决策行为的法治化路径，为重大行政决策程序的设计和规范提供了认识的前提。

二是对重大行政决策概念和范围的界定问题，这是法律对规范客体需要具体、明确的要求所决定的。明确了重大行政决策的概念和范围，就明确了哪些行政决策行为进入法律控制的范围，需要依照法定的程序作出。学者们探讨的重点首先在重大行政决策的"重大"的概念，从定性和定量两个方面展开，达成的基本共识是：在立法上，首先界定重大行政决策的概念，其次进行列举和排除，最后以重大行政决策目录的方式予以明确。研究达成的基本共识，既反映了重大行政决策的本质特征，使法律控制的重点有所选择；又明确界定了重大行政决策行为的范围，能更好地结合各地方的实际，充分反映重大行政决策在不同层级、不同地区和不同部门中其重点有所侧重和选择。

对重大行政决策性质、概念和范围的明确界定，也就将行政决策权放在了国家权力架构体系中，从行政权与其他权力关系的角度，明确了对重大行政决策监督的范围，也明确了监督体系构建的前提。

（2）对重大行政决策具体制度的研究①。由于重大行政决策权作用的

---

① 从对知网文献的搜索看，以"行政决策合法性审查"为主题共搜索到期刊论文71篇；以"重大行政决策责任追究"为主题共搜索到期刊论文112篇；以"重大行政决策公众参与制度"为主题共搜索到期刊论文20篇；以"重大行政决策听证制度"为主题共搜索到期刊论文33篇；以"重大行政决策专家咨询论证制度"为主题共搜索到期刊论文6篇；以"重大行政决策后评估制度"为主题共搜索到期刊论文20篇；以"重大决策风险评估制度"为主题共搜索到期刊论文7篇；以"重大行政决策档案制度"为主题共搜索到期刊论文1篇；以"重大行政决策目录制度"为主题共搜索到期刊论文2篇。访问时间为2019年6月24日。

领域广泛，面对的情况非常复杂，决策内容千差万别，决策在实施过程中会遇到各种各样的问题，从实体层面切入进行规范几乎没有可能。所以，从程序角度对重大行政决策的规范是基本选择。

厘清重大决策范围之后，构建重大行政决策的整体程序制度和单项的程序制度就成为对重大行政决策权控制的基本任务。行政决策是行政决策权运用的渐进过程，有相当数量的学者从事前、事中、事后三个阶段展开对重大行政决策基本程序整体构建的探讨，并明确每一阶段行为的主体和对行为的程序，进行类型化的高度概括性研究，描述出了整个程序的过程及其运行规则，规定了决策主体、决策承办主体和决策执行主体的职权职责，同时也规定了参与重大行政决策程序中的主体，如政党、国家机关、公民、法人、社会组织、专家和第三方机构等参与主体的权利和义务。

学者们对单项程序制度的研究较为活跃。一是对行政机关内部的合法性审查制度和终身责任追究制度关注颇多。研究者多关注于控制决策者滥用决策权，对违法和不当行使行政决策权造成严重损失的责任人追究责任。这两项制度也是在行政权内部对行政决策权进行制约监督的重要制度。二是对外部公众参与的制度也关注较多。特别是对其中的听证制度进行了较为深入细致的研究，意在通过程序控制为公众的实际参与提供程序性保障，推动公众在行政决策过程中的实际参与度，解决实践中公众参与不足的问题。从监督角度看，这一制度是外部力量以参与的方式对行政决策进行监督的重要制度。此外，学者们还较多地关注了专家论证制度和后评估制度。专家论证制度是充分发挥专家在专门性和技术性问题领域的作用，保障重大行政决策科学决策的重要制度。对后评估制度的关注近些年来尤为突出，目的在于解决重大行政决策执行过程中以及执行完毕之后重大行政决策实施效果的评价问题。从监督角度看，后评估制度是责任追究制度的重要配套制度。重大行政决策程序具体制度的研究还涉及风险评估制度、档案制度、目录制度等，但对这些制度的研究整体而言着力较少。

对重大行政决策权的监督取决于重大行政决策法治化的水平。马怀德教授在2015年撰文指出："当前，包括行政决策在内的各类重大决策处于无法可依的状态，中央层面尚无规范重大决策行为的法律法规。完善权力监督制约体系关键在于决策法治化，建议尽快制定《行政程序法》或者

《重大行政决策条例》。"① 对构建重大行政决策整体程序的研究，明确了在不同阶段法律程序控制的内容。从监督的角度看，将行政决策权放在程序的运行中，明确了程序运行中每一环节监督的具体内容；对重大行政决策单项程序制度的研究重点放在了合法性审查制度、责任追究制度和公众参与制度等方面，这些制度涉及的是整体程序制度架构中的重点环节，是重大行政决策程序控制的核心制度。对这些制度的深入探讨有助于我们对重大行政决策程序控制认识的深化，为实践中的地方立法提供了理论的支撑，也给中央立法做了认识上的准备工作。

（二）重大行政决策程序中央立法的前期运行

1. 《征求意见稿》公开征求意见

为落实中共中央关于规范重大行政决策程序的立法要求，推进行政决策科学化、民主化、法治化，保证决策质量，提高政府决策的公信力和执行力。国务院法制办公室广泛开展调查研究，对已有的17个省级政府和23个较大的市政府出台的规范重大行政决策程序的规章实践经验予以认真总结；同时指出了"实践中也存在一些突出问题：有的决策尊重客观规律不够，听取群众意见不充分，乱决策、违法决策、专断决策、拍脑袋决策、应决策而久拖不决等问题比较突出，一些关系国计民生的重大项目因群众不理解、不支持而不能出台，或者决策后遇到反对就匆匆下马的情况时有发生，既给国家和人民造成重大损失，也严重影响政府公信力和执行力。"② 在此基础上展开了制定一部规范重大行政决策程序行政法规的起草工作。

国务院法制办围绕重大行政决策事项范围、法定程序等重点难点问题，运用多种方式开展立法调研，多次召开立法座谈会，赴东中西部共12个省份开展专题调研，深入了解省市县各级政府决策工作实际，坚持问题导向，注重管用可行，充分吸收地方成熟经验做法，先后两次送中央和国务院有关部门、各省（自治区、直辖市）及有关市县政府等100多家单位书面征求意见③。在对前期地方关于重大行政决策立法充分调研和论证的

---

① 马怀德：《完善权力监督制约关键在于决策法治化》，《中国党政干部论坛》2015年第3期，第19页。

②③ 《关于〈重大行政决策程序暂行条例（征求意见稿）〉的说明》。

基础上，形成了《重大行政决策程序暂行条例（征求意见稿）》①。为了增强立法的公开性和透明度，提高立法质量，国务院法制办公室依法于2017年6月9日向社会发布了关于《征求意见稿》公开征求意见的通知说明，为期一个月征求社会各界意见。有关单位和社会各界人士可以在2017年7月8日前，通过登录中国政府法制信息网的"法规规章草案意见征集系统"，对《征求意见稿》提出意见，通过信函方式将意见寄至指定信箱，通过电子邮件方式将意见发送至指定邮箱。

2. 《征求意见稿》的主要内容

《征求意见稿》分为10章，共44条。除第一章总则、第二章决策动议外，将决策草案形成过程的环节——公众参与、专家论证、风险评估、合法性审查和集体讨论决定分列为第三到第七章，将决策执行、法律责任和附则分别规定为第八到第十章。如果说行政决策可以分为事前决策动议的提出、决策草案的形成、事后决策的执行与后评估几个阶段的话，从征求意见稿的结构来看，特别突出了决策草案形成过程中各环节内容的规定。下面将《征求意见稿》的具体内容进行分述：

（1）关于决策立法的目的。立法的目的是健全科学民主依法决策机制，规范重大行政决策行为，提高决策质量，保证决策效率。

（2）关于决策事项范围。规定依据突出针对性、具备可行性、保留灵活性、提高透明度的原则，在采取"列举+兜底"方式规定重大行政决策事项范围的基础上，提出各级地方政府应结合职责权限和本地实际，制定重大行政决策事项年度目录，并向社会公布。

（3）关于决策的原则。规定重大行政决策应遵循科学决策、民主决策、依法决策和决策公开四项原则。

（4）关于决策动议。规定对各方面，包括决策机关领导人员、决策机关所属部门或者下一级人民政府、人大代表、政协委员以及公民法人和其他组织提出的决策建议都要进行充分研究论证，由决策机关决定是否启动决策程序。

（5）关于公众参与。规定除依法应当保密的外，涉及社会公众切身利益或者对其权利义务有重大影响的决策事项应当广泛听取意见；为提高公众参与实效，明确了向社会公开征求意见和举行听证会等的基本要求；注

---

① 《关于〈重大行政决策程序暂行条例（征求意见稿）〉的说明》。

重决策过程中的信息发布和互动交流，规范听取意见的后续处理和公开进行反馈。

（6）关于专家论证。规定专业性、技术性较强的决策事项，需要进行专家论证的，应当组织论证其必要性、可行性、科学性等；为提高专家论证质量，还具体规定了以下几方面：一是对论证意见的研究处理情况和理由应当反馈；二是选择专家、专业机构应当注重专业性、代表性，不得选择有直接利害关系的专家、专业机构，应当公开专家、专业机构的有关信息；三是省、自治区、直辖市人民政府应当建立专家库。

（7）关于风险评估。规定重大行政决策的实施可能对生态环境、社会稳定等方面造成不利影响的，应当开展风险评估；要求把风险评估结果作为决策的重要依据；经评估认为风险不可控的，不得决策，或者调整决策草案，确保风险可控后再行决策。

（8）关于合法性审查。规定合法性审查为决策必经程序；规定未经合法性审查，或者经审查不合法的，不得提交决策机关讨论；规定应当充分发挥政府法律顾问、公职律师的作用，并提供必要的材料和时间保障。

（9）关于集体讨论决定。规定集体讨论决定为决策必经程序，并坚持行政首长负责制。规定决策事项应当经决策机关常务会议或者全体会议讨论，由行政首长在集体讨论基础上作出决定；规定行政首长在集体讨论最后发表意见；行政首长拟作出的决定与出席的会议组成人员多数人的意见不一致的，应当在会上说明理由；会议讨论情况和决定应当如实记录。

（10）关于决策执行与后评估。规定了决策执行中的问题反馈机制和决策后评估制度。明确依法作出的重大行政决策，未经法定程序不得随意变更、中止或者停止执行；重大公共建设项目等决策拟作重大调整的，应当重新履行相关程序。

（11）关于法律责任。对决策机关、决策承办单位和承担决策有关工作的单位、决策执行单位、参与决策的专家专业机构等参与决策及其实施的各类主体违反相关的法律规定，分别规定了相应的法律责任。

二、重大行政决策中央立法的主要内容

《重大行政决策暂行条例》（以下简称《条例》）是国务院首次制定

的适用于县级以上地方人民政府重大行政决策的行政程序法律,构建起了我国县级以上地方人民政府重大行政决策程序的基本法律框架,除规定立法目的、法律适用、应遵循的原则等一般性问题外,主要规定了重大行政决策程序的若干基本制度及其违法责任。

(一)《重大行政决策程序暂行条例》的出台

2017年7月8日,国务院法制办公室就《征求意见稿》向社会为期一个月的公开征求意见结束。国务院法制办汇总整理和分析研究了各方的意见,在充分吸纳各方合理意见的基础上,进一步修改完善征求意见稿。经过一年多的修改和完善,形成了较为成熟的条例草案提请国务院常务会议审议。2019年4月20日,国务院总理李克强签署国务院令第713号,2019年5月8日发布《条例》,自2019年9月1日起施行。

该《条例》的出台有着重要的标志意义,标志着自《全面推进依法行政实施纲要》首次提出"建立健全科学民主决策机制"以来,经由五百余部地方立法先行先试的探索,最终在中央层面即国务院以行政法规的立法形式完成统一的重大行政决策程序立法,将极大地推动我国法治政府建设的步伐,是我国法治政府建设进程中具有标志性意义的立法。该《条例》的出台首次将县级以上地方人民政府的重大行政决策活动全面纳入统一的法治化轨道,结束了过去近20年来地方各自立法规范重大行政决策行为的情形,扎紧了约束地方各级政府和部门重大行政决策权的"制度笼子",对于加强对重大行政决策权的监督具有重要意义,有利于充分保障社会公众对重大行政决策的知情权、参与权和监督权。

(二)《重大行政决策程序暂行条例》的主要内容

该《条例》共六章四十四条。第一章总则部分规定了立法的目的和法律适用问题;明确了重大行政决策事项和决策的原则;规定了党的领导及其监督,人民代表大会监督和行政机关内部监督。第二章决策草案的形成,具体规定了决策启动、公众参与、专家论证和风险评估等内容。第三章规定合法性审查和集体讨论决定以及决策公布的内容。第四章是关于决策的执行和调整内容。第五章规定决策机关、决策承办单位和决策执行单位以及评估工作的专家、专业机构、社会组织等违反法律规定的法律责任或其他相应责任。第六章为附则,规定了参照本条例规定执行的情况以及省、自治区、直辖市人民政府根据本条例制定本行政区域重大行政决策程序具体制度的问题。

三、对《重大行政决策程序暂行条例》的评析

《条例》中关于必须坚持和加强党的全面领导的规定是一个立法的亮点，它构建起了党的领导与国家行政权力之间的关系，体现了将党的领导置于党政一体领导体制的最高位置，将政府的重大行政决策置于党的领导和监督之下。与《征求意见稿》比较分析，可以看出《条例》有许多实质性的修改和提升，将重大行政决策程序立法提升到了一个新的层次，对重大行政决策监督问题作了更明确的规定。

（一）《重大行政决策程序暂行条例》的亮点

关于党的领导与监督的规定是《条例》的一个亮点，在立法层面对这一问题规定具有标志性的里程碑意义，是党政一体领导体制发展的具体体现，将党的领导置于党政一体领导体制的最高位置，将政府的重大行政决策置于党的领导和监督之下。

1.《条例》关于加强党的领导与监督的规定

与《征求意见稿》相比，《条例》明确规定了党对重大行政决策领导和监督，具体有三个条款。

一是第一章总则部分的第四条规定："重大行政决策必须坚持和加强党的全面领导，全面贯彻党的路线方针政策和决策部署，发挥党的领导核心作用，把党的领导贯彻到重大行政决策全过程。"

二是第一章总则部分的第三条第三款规定："决策机关可以根据本条第一款的规定，结合职责权限和本地实际，确定决策事项目录、标准，经同级党委同意后向社会公布，并根据实际情况调整。"

三是在第三章"合法性审查和集体讨论决定"部分的"集体讨论决定和决策公布"一节的第三十一条规定："重大行政决策出台前应当按照规定向同级党委请示报告。"

前者是在总则层面的原则性规定，明确了党在政府重大行政决策中的领导地位，贯穿于重大行政决策作出的全过程，重大行政决策机关、承办

机关和执行机关，以及重大行政决策的参与主体在重大行政决策过程中，全面发挥党的领导核心作用，全面贯彻党的路线方针政策和决策部署，是行政决策的决策机关、承办机关和执行机关必须履行的职责和义务。后两者是具体性的规定，明确在重大行政决策程序的重要环节，即政府决策事项的公布和重大行政决策出台前须经同级党委同意和按照规定向同级党委请示报告。这三个条款的规定相互呼应，在重大行政决策的关键点，即决策范围确定、决策作出决定的环节确保了党对重大行政决策的领导与监督。

2. 明确了坚持和加强党的领导与重大行政决策之间的关系

（1）党的领导在国家根本大法中的原则规定。我国1982年的《宪法》序言指出，"中国新民主主义革命的胜利和社会主义事业的成就，是中国共产党领导中国各族人民，在马克思列宁主义、毛泽东思想的指引下，坚持真理，修正错误，战胜许多艰难险阻而取得的"[1]。这表明中国共产党作为领导党是中国人民在革命和建设过程中的历史选择。

2018年《宪法修正案》对《宪法》序言的内容进行了修改，指出"中国各族人民将继续在中国共产党领导下，在马克思列宁主义、毛泽东思想、邓小平理论、'三个代表'重要思想、科学发展观、习近平新时代中国特色社会主义思想指引下，坚持人民民主专政，坚持社会主义道路，坚持改革开放，不断完善社会主义的各项制度，发展社会主义市场经济，发展社会主义民主，健全社会主义法治，贯彻新发展理念，自力更生，艰苦奋斗，逐步实现工业、农业、国防和科学技术的现代化，推动物质文明、政治文明、精神文明、社会文明、生态文明协调发展，把我国建设成为富强民主文明和谐美丽的社会主义现代化强国，实现中华民族伟大复兴"[2]。这明确了新时代中国特色社会主义的发展需要党的领导，也必须坚持和加强党的领导。在《宪法》第一条第二款增加了"中国共产党领导是中国特色社会主义最本质的特征"的规定，从国家性质的角度明确了中国共产党在国家中的领导地位，是我国各项事业的领导者。重大行政决策权作为行政权行使的起点和重要部分，必须坚持和加强党对重大行政决策的领导和监督。

---

[1] 1982年《中华人民共和国宪法》序言。
[2] 2018年《中华人民共和国宪法修正案》第三十二条。

（2）党的领导在具体立法中的体现。将党的领导不仅规定在《宪法》中，还运用立法的方法体现在对政府重大行政决策的具体法律规范中，是依法治国，建设社会主义法治国家的历史条件下，我们党执政方式上的重要转变在法治方面的体现，就是在具体的立法中构建起了党与其他国家权力之间的关系，将党的领导具体体现在重大行政决策的立法中。

回顾地方政府重大行政决策法治化的发展历程，可以看出始终是在党的领导之下。1997 年党的十五大提出依法治国，建设社会主义法治国家。1999 年第九届全国人大常委会接受中共中央提出的修宪建议，将"中华人民共和国实行依法治国，建设社会主义法治国家"规定在了我国《宪法》的第五条。正是这一治国方略开启了我国法治政府建设之路，政府重大行政决策法治化问题提上了日程。为贯彻落实依法治国基本方略和党的十六大、十六届三中全会精神，加快建设法治政府，国务院于 2004 年发布了《纲要》、2008 年发布了《市县决定》、2010 年 11 月发布了《法治政府意见》，均对地方政府重大行政决策活动予以指导和规范。2014 年 10 月为贯彻落实党的十八大作出的战略部署，加快建设社会主义法治国家，十八届中央委员会第四次全体会议研究了全面推进依法治国若干重大问题，作出《依法治国决定》（以下简称《决定》），该《决定》也对重大行政决策作了专门的规定，明确了决策的五大法定程序。2015 年 12 月中共中央、国务院联合发布了《法治政府纲要》，提出完善重大行政决策程序的六项具体要求。地方重大行政决策立法发展就是在党的领导下，在党的政策与法律的互动中不断完善的，是将党的政策不断法律化的结果。

《条例》依据《宪法》的规定，明确了坚持和加强党的领导与政府作出重大行政决策之间的关系，必须坚持和加强党的全面领导，全面贯彻党的路线方针政策和决策部署，发挥党的领导核心作用，把党的领导贯彻到重大行政决策全过程。这是《条例》对作为根本法的《宪法》精神的具体体现，使坚持和加强党的领导成为具体的法律规范，党与国家权力不是在法律规定的外部互动，而是在法律范围内的内部互动，明确了党与政府领导与被领导、监督与被监督的关系，且落实在了具体的法律规定中。具体规定了决策事项目录须经同级党委同意后向社会公布；重大行政决策出台前应当按照规定向同级党委请示报告。这是一个具有里程碑意义的突破，即将党内法规和法律规范纳入社会主义法治体系之中的具体体现，既体现了国家的一切活动必须在党的领导下的原则，而党的具体活动要在宪法和法律的规范之内进行；又体现了在依法律规范决策中必须坚持和加强党的领导，强化党对国家权力运行的监督，包括对重大行政决策权的监督。

（二）与《征求意见稿》的比较分析

与《征求意见稿》相比，虽然说就《条例》的整体而言并没有做出太大的变动，但在结构上有一定调整，在内容的规定上有重大的突破，部分内容作了增加和调整。在《征求意见稿》征求意见结束后的一年多时间里，我国国家和社会生活也发生了重大变化，中国特色社会主义的新时代的时代特点，改革开放发展的新要求，来自社会各方面的意见和建议的要求，也较多地反映在了《条例》中。

1. 整体结构与内容的调整和修改

《条例》分6章，共计44条，以决策流程为主线，完整规定了重大行政决策的作出、执行、调整应当遵循的基本程序制度①。从结构看有一定的调整，由原来的全部为章的结构改为现在章与节结合的结构。将《征求意见稿》的10章调整为现在《条例》的6章，分别为总则、决策草案的形成、合法性审查和集体讨论、决定决策执行和调整、法律责任与附则；将第二章决策草案的形成部分的内容分设为4节，分别为决策启动、公众参与、专家论证、风险评估，与《征求意见稿》第二章到第五章相对应；将《征求意见稿》第六、第七章的内容合并为《条例》的第三章，分为合法性审查与集体讨论决定和决策公布两节。从内容角度看，法律条文的数量44条没有变化，但其内容已作了部分修改和调整。增加第三条第三款、第四条和第十一条新的内容，即有关党与重大行政决策相互关系及其具体规定。这是《条例》在内容规定上的新突破，也是《条例》具有标志性意义的特点。此外，还有部分内容的实质性增加、删减，还有些属于表达方面的非实质性的内容调整，其余内容与《征求意见稿》基本一致。总体而言，结构更加简洁、合理、明晰；内容上有新的突破，部分内容有实质性调整，整体更加完善；语言表达更加精练、准确，概括性增强。这表明立法者对重大行政决策问题的认识进一步深化，理解更加清晰和准确。

---

① 王万华：《健全科学、民主、依法决策机制 大力推进法治政府建设》，中华人民共和国司法部 中国政府法制信息网，http://www.moj.gov.cn/news/content/2019－05/16/zcjd_235020.html. 2019年5月21日访问。

2. 修改、调整的实质性内容分析

所谓实质性内容是相对于形式改变而言的，具体是指《条例》相对于《征求意见稿》而言，规定的内容发生了实质性的变化：一是增加了原来没有的新内容；二是对原来的内容删除或者是改变。形式改变是指法条内容的含义本身没有变化，而只是进行了语序排列、语言表达的变化。以下的分析是针对修改、调整后的实质性内容而言的。

（1）关于总则部分。就《条例》的全部条文而言，总则部分内容的变动是最大的，涉及立法目的和法的适用范围和决策的基本原则等问题。其中，最突出的是增加了党对政府重大决策领导的规定。这些内容的变动对整个立法内容的变动有重要影响，可以说总则之外其他部分内容的变动都受总则部分内容变动的影响。

《条例》首先确立了"健全科学、民主、依法决策机制"的立法目的。其内涵即通过规范重大行政决策程序，提高地方政府重大行政决策的质量和效率，明确决策责任。《条例》在立法目的中增加"明确决策责任"的规定①。这一规定既是对决策过程中决策主体和各参与主体在决策过程中职权职责或权利义务的明确，又是对决策主体和各参与主体后果责任承担的明确，为《条例》中具体责任制度的建立提供了目的性指引和明确的依据。

《条例》在原则层面确立了科学决策、民主决策、依法决策三项基本原则。这三项基本原则是对立法目的的具体化，没有再明确《征求意见稿》中的"决策公开"原则，更加契合了决策的特殊性和过程性特点，不宜将公开原则贯穿决策始终，而是将决策公开的有关内容在具体的制度中予以体现，特别是体现在公众参与制度中。这一变动的直接影响是对后续具体规定中有关信息公开规定的内容有较大调整。

《条例》明确了坚持和加强党对政府作出重大行政决策的领导。《条例》根据《宪法》第一条规定的"中国共产党领导是中国特色社会主义最本质的特征"，明确坚持和加强党的领导在重大行政决策活动中的地位，重大行政决策必须发挥党的领导核心作用，全面贯彻党的路线方针政策和部署，把党的领导贯彻到重大行政决策全过程，还规定决策事项目录须经

---

① 《重大行政决策程序暂行条例》第一条。

同级党委同意后向社会公布①。

《条例》对主体适用范围做了重大调整。一是删除了《征求意见稿》第二条第二款中"县级以上人民政府部门、法律法规授权的具有管理公共事务职能的组织和乡级人民政府作出重大行政决策的程序，参照本条例的规定执行"的规定。二是对重大决策事项范围增加了排除性规定，具体为第三条第二款中"财政政策、货币政策等宏观调控决策，政府立法决策以及突发事件应急处置决策不适用本条例"。这一规定更加明确了《条例》的适用范围。

《条例》第八条改变了《征求意见稿》相对细化的规定，对重大行政决策依法接受本级人民代表大会及其常务委员会的监督只做了较为原则的规定；增加了第二款规定："上级行政机关应当加强对下级行政机关重大行政决策的监督。审计机关按照规定对重大行政决策进行监督。"明确了重大行政决策属于行政机关层级监督的内容和审计专门监督的内容。

（2）关于决策草案形成部分。这一部分包括决策启动、公众参与、专家论证和风险评估四个方面的内容，调整的内容主要体现在公众参与方面。

《条例》第十四条第三款属于增加的内容，即决策事项涉及特定群体利益的，决策承办单位应当与相关人民团体、社会组织以及群众代表进行沟通协商，充分听取相关群体的意见建议。增加的内容重点考虑了决策涉及特定群体的利益，不仅要与群众代表进行沟通协商，更强调与能较好代表这些特定群体的人民团体、社会组织进行沟通协商，充分听取它们的意见和建议，以最大限度地保护特定群体的利益。

《条例》第十五条第二款："对社会公众普遍关心或者专业性、技术性较强的问题，决策承办单位可以通过专家访谈等方式进行解释说明。"新增加的这一规定，有利于保障社会公众的知情权和监督权，保障决策的科学性和民主性。

《条例》关于听证的程序制度作了更为明确和简洁的规定。在听证代表遴选问题上，增加了决策承办单位或者组织听证会的其他单位应当提前公布听证参加人遴选办法的规定②。这更有助于公平公正地组织遴选，但

---

① 《重大行政决策程序暂行条例》第四条、第三条第二款。
② 《重大行政决策程序暂行条例》第十六条第三款。

删除了利害关系人代表不少于听证参与人总数1/2的具体规定。《征求意见稿》中有关"对社会各方提出的主要意见及其研究处理情况、理由,应当及时公开反馈"的规定,在《条例》中没有再作规定。

《条例》的专家论证部分,在"对专业性、技术性较强的决策事项,决策承办单位应当组织专家、专业机构论证其必要性、可行性、科学性等"规定的基础上,增加了"并提供必要保障"①的规定,意在保证专家的论证建立在必要的信息、技术以及经费等条件基础之上,以保障专家论证的科学性。

《条例》的风险评估部分,对《征求意见稿》中"重大行政决策的实施可能对生态环境、社会稳定等方面问题造成不利影响的,……"的规定,将其中的"生态环境、社会稳定"修改为"社会稳定、公共安全"②。这一变动使社会风险的涵盖面扩大,有助于更好地应对可能发生的各种社会风险。

(3)关于合法性审查和集体讨论决定部分。《条例》的合法性审查内容中,增加规定了不经合法性审查便可提交决策机关讨论的例外规定,即"对国家尚无明确规定的探索性改革决策事项,可以明示法律风险,提交决策机关讨论"③。这一规定对探索性改革持积极和肯定的态度,为重大行政决策中的探索性改革留下了空间,体现了以实践引领改革促进立法发展的思路。

《条例》关于集体讨论决定部分,增加的内容主要有三个方面:一是第二十九条第一项提交决策机关讨论的报送材料,增加了"决策草案涉及市场主体经济活动的,应当包含公平竞争审查的有关情况"④。这一对特定事项的规定要求,体现了决策应当对市场经济规律予以尊重,要求政府在尊重市场规律的前提下做出行政决策。二是增加了第三十条第三款规定:"集体讨论决定情况应当如实记录,不同意见应当如实载明。"这一规定要求真实反映集体讨论决定的情形,为责任承担制度的落实提供制度的支撑和具体的依据。三是增加第三十一条"重大行政决策出台前应当按照规定向同级党委请示报告"。这一规定明确了党委在重大行政决策中的地位,

---

① 《重大行政决策程序暂行条例》第十九条第一款。
② 《重大行政决策程序暂行条例》第二十二条第一款。
③ 《重大行政决策程序暂行条例》第二十五条第二款。
④ 《重大行政决策程序暂行条例》第二十九条。

向党委请示报告是个必经程序。

《条例》关于决策公布的内容，第三十二条中增加了："对社会公众普遍关心或者专业性、技术性较强的重大行政决策，应当说明公众意见、专家论证意见的采纳情况，通过新闻发布会、接受访谈等方式进行宣传解读。"这一规定是决策公开的具体体现，又是要保障社会公众的知情权、参与权以及监督权的重要内容。此外，三十三条还对重大行政决策过程记录和材料归档制度做了更加具体的规定，完善的档案制度是重大行政决策程序控制和监督能够得以落实的重要制度。

（4）关于决策执行和调整部分。《条例》部分内容的规定与征求意见稿的内容基本一致。只是在决策机关可以组织决策后评估的情形中增加了"决策机关认为有必要"① 的一种情形。这一规定对决策机关就自身做出的重大行政决策的主动评估提供了一个制度的入口，也有利于实现后评估目的的多样性。这一规定也有助于推动行政机关行政自治，加强内部监督。

（5）关于法律责任部分。《条例》在法律责任的规定方面有较大的变化。增加的规定主要有四个方面：一是明确了责任倒查的终身责任制度。第三十八条第二款："决策机关违反本条例规定造成决策严重失误，或者依法应当及时作出决策而久拖不决，造成重大损失、恶劣影响的，应当倒查责任，实行终身责任追究，对决策机关行政首长、负有责任的其他领导人员和直接责任人员依法追究责任。"其中应当倒查责任，实行终身责任制是新增加的规定，由此建立了责任倒查的终身责任追究制，可以说这也是《条例》的一个亮点。二是增加了参与决策机关集体讨论决策草案有关人员责任减免情形的规定。第三十八条第三款规定："决策机关集体讨论决策草案时，有关人员对严重失误的决策表示不同意见的，按照规定减免责任。"充分体现了责任承担与决策行为挂钩，体现了过罚相当的原则。三是增加了决策执行单位承担责任的情形，即"在执行中发现重大问题瞒报、谎报或者漏报的"②。这一规定是要解决决策执行单位在决策执行中普遍存在的瞒报、谎报或者漏报的问题，加强对决策执行环节的监督。四是第四十一条规定："承担论证评估工作的专家、专业机构、社会组织等违反职业道德和本条例规定的，予以通报批评、责令限期整改；造成严重后

---

① 《重大行政决策程序暂行条例》第三十六条第一款。
② 《重大行政决策程序暂行条例》第四十条。

果的,取消评估资格、承担相应责任。"这一规定明确了参与到行政决策中的特定社会主体承担责任的依据和承担责任的后果,有助于评估专家、专业机构尽职尽责、依法完成评估工作。

(6)关于附则部分。所谓附则,是指附在法律、法规后面的规则,是一部法律中除总则和分则外,作为总则和分则辅助性内容而存在的一部分①。《条例》的附则共有三个条款,除关于生效日期的条款外,第四十二条规定:"县级以上人民政府部门和乡级人民政府重大行政决策的作出和调整程序,参照本条例规定执行。"第四十三条规定:"省、自治区、直辖市人民政府根据本条例制定本行政区域重大行政决策程序的具体制度。国务院有关部门参照本条例规定,制定本部门重大行政决策程序的具体制度。"这两条规定,表明《条例》的设计保持了适度弹性,在具体的适用上对县级以上地方人民政府之外的其他重大行政决策主体——地方人民政府部门和乡级人民政府的适用留有空间,即参照本条例执行;授权要求省、自治区、直辖市人民政府和国务院部门要根据本条例,"因地制宜""因时制宜"地制定本行政区域重大行政决策程序的具体制度;也为今后重大行政决策程序立法的适用和地方立法的发展提供了路径指引。

(三)从重大行政决策程序监督角度的审视

在前述的比较分析中,其中包含有重大行政决策监督的内容,但基于分析的角度并未给予特别的强调。所谓监督是指对国家权力的监督,有广义和狭义之分,广义上的监督是指权力间的相互制约,包括国家权力间的监督和政党权力、社会权力的监督;狭义的监督是指对行政权力的监督,对某一个特定具体权力行为过程的监察、督促和管理。监督的目的是使被监督权力作用的方向和行为的结果达到预定的目标。下面我们从广义监督角度对《条例》的有关内容展开分析。首先,从党与行政权的关系角度进行分析,这决定着重大行政决策权行使的方向。其次,从程序角度进行监督的分析。程序具有独立的意义,通过程序控制对行政决策权力的运行进行监督,保证每一项重大行政决策权的行使,能与决策事项的本身实际相结合,维护社会的安全稳定和经济发展,进一步促进全面改革开放。程序监督通过具体的程序制度实现,具体程序制度的构建及其运行将重大行政

---

① 朱力宇、叶传星:《立法学》,中国人民大学出版社2015年版,第267页。

决策权控制在制度所追求的目的和要求运行的轨道上。

1. 坚持党的领导指引重大行政决策权的行使

（1）行使重大行政决策权要坚持正确的政治方向。"党的领导是指马克思主义政党对无产阶级革命事业和社会主义建设事业所起的引导和向导作用。党的领导的实质就是帮助人民群众认识自己的利益，并且团结起来为自己的利益而奋斗。"① 全面推进依法治国，建设法治政府，正确行使重大行政决策权，首先是要坚持正确的政治方向，即坚持党的领导。党的领导是中国特色社会主义最本质的特征，是社会主义法治建设、法治政府建设最根本的保证。党的十八届四中全会将"坚持中国共产党的领导"作为全面推进依法治国的第一条基本原则，提出"党的领导是中国特色社会主义最本质的特征，是社会主义法治最根本的保证。把党的领导贯彻到依法治国全过程和各方面，是我国社会主义法治建设的一条基本经验。我国宪法确立了中国共产党的领导地位。坚持党的领导，是社会主义法治的根本要求，是党和国家的根本所在、命脉所在，是全国各族人民的利益所系、幸福所系，是全面推进依法治国的题中应有之义"②。"我们党高度重视法治建设。长期以来，特别是党的十一届三中全会以来，我们党全面总结我国社会主义法治建设的成功经验和深刻教训，提出为了保障人民民主，必须加强法治，必须使民主制度化、法律化，把依法治国确定为党领导人民治理国家的基本方略，把依法执政确定为党治国理政的基本方式，积极建设社会主义法治，取得历史性成就。目前，中国特色社会主义法律体系已经形成，法治政府建设稳步推进，司法体制不断完善，全社会法治观念明显增强。"③这是深刻总结我国社会主义法治建设的经验和教训得出的一条基本经验，即建设社会主义法治国家，必须坚持中国共产党的领导，必须坚持中国特色社会主义制度，必须贯彻中国特色社会主义法治理论。高举中国特色社会主义伟大旗帜，坚持党的领导和依法治国有机统一，把党的领导贯穿于法治工作的始终，才能保证全面推进依法治国的正确发展方向、保证法治政府建设的正确方向，才能保证政府正确行使重大行政决策权。

---

① 张荣臣：《中国共产党的领导是中国特色社会主义最本质的特征》，《党建》2018 年第 6 期，第 11 页。

②③ 党的十八届四中全会报告《中共中央关于全面推进依法治国若干重大问题的决定》。

（2）坚持在党的领导下依法行使重大行政决策权。党的领导和依法治国的关系是法治建设的核心问题。坚持依法治国首先要坚持依宪治国。我国《宪法》以国家根本法的形式反映了党领导人民进行革命、建设、改革取得的成果，确立了在历史和人民选择中形成的中国共产党的领导地位。深入推进法治政府建设，强调各级政府必须坚持在党的领导下、在法治轨道上开展工作，将党的领导纳入法治化轨道。确定党在国家中的领导地位是我国宪法的题中应有之义。2018年《宪法修正案》将"党的领导是中国特色社会主义最本质的特征"写进宪法关于国家根本制度的条文，把党的领导与社会主义制度内在统一起来①，从国家根本法的高度对党的领导予以确认。《条例》第四条规定"重大行政决策必须坚持和加强党的全面领导，全面贯彻党的路线方针政策和决策部署，发挥党的领导核心作用，把党的领导贯彻到重大行政决策全过程"。明确了党的领导与政府重大行政决策之间的关系，用法律的方法予以确认，保证了党的领导是在法治的轨道上开展工作，将党的领导与重大行政决策的法治化紧密结合在一起。既遵循了《宪法》的规定，又将《宪法》的规定贯穿到具体的立法中。坚持和加强党的全面领导，是依据党的指导思想和原则，依据宪法和法律的规定，对政府重大行政决策权行使予以规范和监督。

（3）坚持党领导下重大行政决策的科学化和民主化。新时代党的全面领导成为行政法的基本原则，党内法规成为行政法的法源，行政内部监督体系上升为党和国家监督体系②。推进行政决策科学化、民主化、法治化，首先要健全依法决策机制。"完善重大行政决策程序制度，明确决策主体、事项范围、法定程序、法律责任，规范决策流程，强化决策法定程序的刚性约束。"③ 政府治理始于决策，其中的重大行政决策涉及经济社会发展全局和社会公众切身利益，一旦决策违法或不当，必然对经济社会发展和人民群众利益造成危害。要健全科学民主合法的决策机制，必须加强党的领导，把重大行政决策权置于党的领导之下，把公众参与、专家论证、风险评估、合法性审查、集体讨论决定确定为重大行政决策法定程序，建立行

---

① 钟岩：《把"中国共产党领导是中国特色社会主义最本质的特征"载入宪法的理论、实践、制度依据》，《人民日报》2018年2月28日第1版。

② 金国坤：《党政机构统筹改革与行政法理论的发展》，《行政法学研究》2018年第5期，第3页。

③ 中共中央、国务院印发的《法治政府建设实施纲要（2015—2020年）》。

政机关内部重大行政决策合法性审查机制，建立重大决策终身责任追究制度及责任倒查机制，建立决策后的跟踪反馈和纠偏纠错制度，对决策实施引发重大问题的，应及时调整或停止实施，并积极采取措施减少损失、降低影响①。建立这些机制既是对重大行政决策权的规范，也是对重大行政决策权行使的监督。

2. 从行政程序角度控制重大行政决策权

（1）行政程序对决策权控制的独特价值。程序是指事物进展过程中的先后次序，具有行为规则性、过程连续性和结果可预测性的特点。人类社会中人们在相互交往过程中遵守约定的次序规则，目的是防止人类可能会陷入混乱不堪的社会②。关于行政程序不同的学科也有不同的理解，行政学中行政程序的定义是处理行政事务过程中必须遵守的一系列前后相继的工作步骤；行政法学上研究行政程序则是从法律的角度来研究，强调程序的法定性及其法律上的意义③。行政法学界对行政程序达成的基本共识是行政程序是由行为的步骤、方法、过程等要素构成的。在行政程序适用主体范围上，认为规范的主要是行政主体的行政行为，无论是行政程序理论的萌生原因，还是行政程序法所规定的内容，都可以充分证明这一点④。行政程序适用主体范围上是否适用于行政相对人即公民、法人和社会组织呢？在行政程序中有相对人的参与，也适用于行政相对人。但行政程序对于行政主体和行政相对人有不同的意义。行政程序的核心是规范行政权力，所以程序是对行政主体行为的约束和控制；为了实现对行政权力的规范，在程序过程中设定了相对人的程序权利，通过程序性权利入口让相对人抑或更多的社会力量进入一个预设的行政程序中，通过相对人的参与让这种力量成为监督政府决策合理性与合法性的外在力量。因此，一方面相对人参与到行政决策中，防止行政主体的决策行为可能对相对人权利的侵害，从而达到维护其自身合法权益和社会公共利益的目的；另一方面是相对人参与到行政决策程序中，是以参与的方式对行政决策权的控制和监督，是参与性监督。参与性监督的特点是通过程序性的控制达到实体的目

---

① 章征科：《坚持党的领导 建设法治政府》，《安徽日报》2014年11月3日第7版。
② 章剑生：《行政程序的法律价值分析》，《法律科学》1994年第3期，第21页。
③ 周佑勇、李煜兴：《行政程序价值的反思与定位》，《法学杂志》2002年第3期，第83页。
④ 章剑生：《行政程序的法律价值分析》，《法律科学》1994年第3期，第22页。

的，即实现重大行政决策对社会公共利益的维护。

行政程序本身并不涉及实体内容，仅仅是为行政主体提供一种运用行政职权的行为模式，而行政主体在该行为模式中如何行使行政职权，则取决于其对行政程序法律价值的真正悟解。否则，必然会陷入一种机械套搬行政程序或者主观臆断、滥用行政程序权，从而损害行政相对人的程序权利①。当然也就谈不上程序对行政权的控制，程序的意义也就丧失了。"制度的革新在确立了基本的价值目标之后，能否通过法律程序来实现这些价值目标，往往是制度革新能否成功的决定性因素。"② 政府重大行政决策程序法治化，并非仅仅在于决策程序本身，而在于"健全科学、民主、依法决策机制"。科学、民主决策是保证党和国家各项事业顺利开展的重要前提。科学决策是一种较之经验决策更为高级的决策形式，也称理性决策，是指在科学的决策理论指导下，以科学的思维方式，应用各种科学的分析手段与方法，按照科学的决策程序进行的符合客观实际的决策活动，如设置了专家论证制度、风险评价制度、执行反馈制度以及后评价制度等程序性制度。民主决策是在法定程序下社会主体的广泛参与以及决策反映社会众多主体的利益要求，有利于决策充分集中民智，反映民意；有利于政府审慎用权防止长官意志的个人臆断，如规定采取座谈会、听证会、实地走访、书面征求意见、向社会公开征求意见、问卷调查、民意调查以及听证等多种方式保障社会公众参与。可以说，程序的启动以实体法的实现为目的，程序运作的终点是实体法目标之最大限度的实现③。实体法的实现和实体法目标之最大化，取决于决策的领域和内容本身，可以概括地阐释为具体决策目的的实现：促进社会稳定和国家安全，经济文化发展，资源节约与环境保护，保障重大公共利益或者公众切身利益。这些目的的实现是程序控制的价值所在，是通过程序对重大行政决策权的监督的结果。

（2）通过行政程序制度监督重大行政决策权。从一般意义上来说，重大行政决策程序立法是对决策权的全过程性监督。在行政程序立法中存在若干专门对行政权进行监督的具体制度，这些制度可以看作是狭义上的监督制度，可以理解为是对程序控制本身的监督。譬如《条例》中的重大行

---

① 章剑生：《行政程序的法律价值分析》，《法律科学》1994 年第 3 期，第 22 页。
② 章剑生：《现代行政程序的成因和功能分析》，《中国法学》2001 年第 1 期，第 79 页。
③ 杨建顺、刘连泰：《试论程序法与实体法的辩证关系——评"法即程序"之谬》，《行政法学研究》1998 年第 1 期，第 56 页。

政决策合法性审查制度,就是对重大行政决策是否符合有关法律规定和是否符合决策程序规定的监督制度。下面就《条例》中规定的具体监督制度作一阐释。

第一,关于政党对重大行政决策的监督。《条例》第二条规定,决策机关确定决策目录、标准,经同级党委同意后向社会公布;第三十一条规定:"重大行政决策出台前应当按照规定向同级党委请示报告。"这两条规定就是党对重大行政决策监督的具体规定。重大行政决策关系一定行政地方经济社会整体和长远发展、涉及重大公共利益或不特定多数社会公众切身利益,是关系党的执政地位和执政目标的大问题,为此"同级党委同意"就成为必要;经过一系列程序,重大行政决策正式公布前需要向"同级党委请示报告"。党对重大决策事项的确定和重大行政决策的作出这两个关键点的监督,就成为一项具体的监督控制制度,前后两个关键点的衔接呼应形成了对重大事项的完整监督,体现了发挥党的领导核心作用,把党的领导贯彻到重大行政决策全过程的要求。这一制度将起着"控制阀"的作用,将一定区域一定部门的行政决策纳入重大行政决策中接受执政党的监督。

第二,关于重大行政决策的人大监督。政府作为同级人大产生的机构是同级人大的执行机关,接受同级人大的监督是我国宪法规定的政治制度关系中的基本问题,属于我国人民代表大会制度中的应有之义。

依照我国《地方组织法》的规定,地方政府由地方人大产生并受地方人大的监督。因此,《条例》第八条第一款规定:"重大行政决策依法接受本级人民代表大会及其常务委员会的监督,根据法律、法规规定属于本级人民代表大会及其常务委员会讨论决定的重大事项范围或者应当在出台前向本级人民代表大会常务委员会报告的,按照有关规定办理。"这一规定至少包含两层含义:一是重大行政决策依法接受本级人民代表大会及其常务委员会的一般性监督,这是基于人大与政府的关系而形成的,重大行政决策权作为行政权的重要组成部分,当然要接受人大的监督;二是依据法律法规规定,决策机关作出的重大决策事项是否在该机关权限范围内,抑或是否行使了所属的人民代表大会及其常务委员会的职权。因此,重大事项决策出台前,应向本级人民代表大会常务委员会报告,接受人大的监督。由于行政权本身的主动性,特别是应对经济社会发展、社会稳定安全的现实需要,在具体运作层面的重大决策事项,经常会出现属于本级人民代表大会及其常委会讨论决定的权限范围,那么需向本级人民代表大会常务委员会报告,或者应当在决策前向本级人民代表大会常务委员会报告。

第三,关于重大行政决策的内部监督。行政机关内部的监督是建立在行政权力自我约束即行政自治理论基础之上的。重大行政决策的内部监督是行政权力系统内部的监督,可以从不同的角度去审视,下面从不同角度,就上级机关对下级机关的监督、专门机关对一般机关的监督、重大行政决策内部的过程性监督,具体分述如下:

在我国现行行政管理体制下,在行政机关内部存在着上下级权力之间的监督和专门机关的监督。《条例》第八条第二款对此作了规定:"上级行政机关应当加强对下级行政机关重大行政决策的监督。审计机关按照规定对重大行政决策进行监督。"上下级权力机关之间的监督是内部普遍存在的监督,是上级机关对下级机关重大行政决策权行使的监督,上下级之间形成的监督与被监督的关系蕴含在我国统一的行政管理体制之中。在我国法治政府建设的背景下,已经基本建立起来的行政问责的监督机制①,属于典型的上下级机关的监督。所谓行政问责是指一级政府对本级政府负责人、政府所属工作部门及其下级政府主要负责人在工作职责范围内由于故意或者过失,不履行或者未正确履行法定职责,贻误行政工作或者损害行政相对人的合法权益,给行政管理造成不良后果或影响的行为进行内部监督和责任追究的制度。考核规定是行政问责监督机制中的重要组成部分,《条例》第九条规定"重大行政决策情况应当作为考核评价决策机关及其领导人员的重要内容"。这一规定既明确了将重大行政决策情况纳入决策机关及其领导人员考核内容范围,也明确了基于重大行政决策而对决策机关及其领导人进行考核监督的问题,是一项重大行政决策监督的具体制度。

专门监督是指政府通过专门机关对国家行政机关及其工作人员以及由

---

① 目前我国行政问责还没有专门的统一立法,问责的主要依据主要是《中华人民共和国公务员法》《关于实行党政领导干部问责的暂行规定》《中国共产党党内监督条例》《关于实行党风廉政建设责任制的规定》以及《中国共产党问责条例》等。此外,还有北京、湖北、吉林等地政府制定的行政问责办法等地方政府规章或规范性文件。

政府任命的其他人员的行政行为进行专门监督①。随着我国监察体制的改革，审计机关作为唯一的行政专门监督机关而存在，其对重大行政决策的监督具有很强的专业性，是用审计的方法对重大行政决策活动中的经济行为进行的监督，是从更为专业的视角展开的监督。《条例》关于"审计机关按照规定对重大行政决策进行监督"的具体规定，明确了审计对重大行政决策的监督，强调了审计监督的重要性，为以审计方法对政府重大行政决策专门监督的全面展开提供了直接的法律依据。

  重大行政决策内部的过程性监督：一是重大行政决策过程中实体与程序是否合法的合法性审查制度。该制度具体是对决策草案的提出、作出决策决定之前的决策过程、决策内容是否符合法律法规的审查监督。二是关于重大行政决策执行的监督。《条例》第三十四条规定："决策机关应当明确负责重大行政决策执行工作的单位（以下简称决策执行单位），并对决策执行情况进行督促检查。决策执行单位应当依法全面、及时、正确执行重大行政决策，并向决策机关报告决策执行情况。"该规定明确了重大行政决策过程中，决策机关为监督机关，执行机关为被监督机关并负有相应的接受监督的义务。三是关于重大行政决策调整的监督。决策执行过程中如果存在法定情形，即重大行政决策实施后明显未达到预期效果，或者公民、法人或者其他组织提出较多意见，或者决策机关认为有必要，决策机关可以组织决策后评估，决策评估结果应当作为调整重大行政决策的重要依据。需要指出的是，在决策后评估过程中，还存在人大代表、政协委员、人民团体、基层组织、社会组织参与评估的监督。总之，在重大行政决策内部的过程性监督中，监督制度按决策所处不同的阶段进行了设计，实现了外部监督与内部监督的有机衔接。

---

① 在我国现行的监察体制建立之前，在行政系统内部有行政监察机关行使行政监察职能。行政监察是指国家行政机构体系内的行政监察机关依法对国家行政机关及其公务员行使行政权力的行为进行的监视和督察。我国的监察体制改革将行政监察机关及其职能纳入国家监察体系，行政监察也从行政内部监督转为外部监督，成为国家监察监督的一部分。

第五章
重大行政决策监督机制及其协调

作为行政监督一部分的重大行政决策监督，由于重大行政决策的"重大"，其决策过程关系错综复杂，其监督呈现出性质多元性、主体的多重性、形式的多样性，不同主体的监督在监督的环节上的特征各有侧重。其中政党监督具有最高性、内部监督具有前置性、外部监督具有根本性。要构建、协调不同监督之间关系的监督机制，促进重大行政决策监督的法治化发展。

一、对重大行政决策监督的认识

对重大行政决策监督的实质是对重大行政决策权的监督。不同学科的学者均从学科的特定角度对行政权监督这一问题进行阐释。了解不同学科包括政治学、行政管理学和法学对这一问题的观点，有助于我们从法律角度更进一步认识重大行政决策监督，厘清法律监督与其他性质监督之间的关系。从现实需要与行政决策的特点，阐释加强重大行政决策监督的必要性。

（一）行政权力监督的多学科探究

关于行政监督即行政权力监督问题的研究涉及政治学、行政学和法学等学科。广义的政治学是一门以研究政治行为、政治体制以及政治相关领域为主的社会科学学科；狭义的政治学的研究对象是国家，或以国家为中心的各种政治现象和政治关系。有学者将政治学定义为是研究一定经济基础之上的社会公共权威的活动形式和关系的发展规律的科学，即研究社会的公共权威,在阶级社会里是研究国家权力的活动、形式和关系的发展规律①。也有学者从马克思主义角度阐释这一问题,认为政治学研究对象是国家问题,是研究以国家政治权力为中心的一切政治关系的总和。那么,中国社会主义政治学就是关于人民民主专政国家为核心的社会主义国家政治发展规律的科学,等等②。因此,政治学研究国家权力及国家权力之间的关系,行政权力监督就是其中的重要内容。所谓监督就是权力的拥有者当其不便或不能直接行使权力,而把权力授予他人行使,监督控制权力行使者按照自己的意志行使权力的行为③。因此,监督与授权有关,是对授予权力行使的监督,以防止权力滥用。行政权力监督也有狭义和广义之分。狭义的行政权力监督是指行政机关内部上下级之间,以及行政机关内专设的行政监察、审计机关对行政机关及其工作人员的监督。广义的行政权力监督泛指执政党、国家权力机关、监察机关、司法机关、新闻媒体和人民群众对国家行政机关及其工作人员的监督④。也有学者认为,从广义的角度看,行政权力监督是指人民代表大会、司法机关、政党组织、社会团体、舆论及人民群众对于拥有行政权力的政府机构和人员的行为进行监督的过程,以及拥有监督权的行政机关,从内部对于行政权力的监督过程,监督的目的是防止行政权力滥用,以达到权力制衡⑤。

行政管理学又称行政学,也称公共行政学或公共管理学,是研究国家行政机关及其官员依法管理国家事务、社会事务和机关内部事务的客观规律的科学。行政管理学关于对行政权力的监督即行政监督也有诸多的观点。有学者认为:现代行政监督是指对行政机关及其工作人员在行政活动中守法情况的监督,即由特定的行政机构,如监察部门、审计机关和会计系统、公检法机关实现的监督⑥。这一概念的内涵包括:监督的对象为行政机关及其工作人员,监督内容为行政活动中的守法情况,监督的主体为特定行政机构。也有学者认为,"行政监督主要是指政府从勤政廉政的愿

---

① 王宏、王沪宁:《关于政治学的研究对象和体系问题》,《政治与法律》1984年第1期,第43页。
② 王惠岩:《论政治学的研究对象》,《政治与法律》1984年第1期,第39页。
③ 王贵秀:《政治体制改革和民主法制建设》,金盾出版社2002年版,第420页。
④ 蔡林慧:《试论中国行政监督机制的困境与对策》,《政治学研究》2012年第5期,第18页。
⑤ 蔡林慧:《我国行政权力监督体系的完善和发展研究》,上海三联书店2014年版,第19页。
⑥ 夏书章:《行政管理学》,中山大学出版社2003年版,第188页。

望出发，为确保行政目标的实现，依据法定的权限、程序和方式，对行政决策及其实施的合法性，合理性和公正性所开展的检查、督导和约束"①。这是从主观愿望、目标实现、依法实施、监督对象和监督内容的角度进行界定的。

从法学角度对行政权力监督定义也有不同的观点，有学者认为，"行政监督是指当代各国国家生活中各种法定的监督主体，依法对国家行政机关及其工作人员实施的监督"②。强调有权主体，包括拥有对国家行政机关权力监督的国家机关以及其他主体，在法定的权限范围内，依法定程序对国家行政机关权力行使的监督。对行政权力的监督包括宪法意义上的监督和行政法意义上的监督，这是从法律角度对行政监督的广义解释，之后的分析也是从广义的角度来展开。目前，我国对行政权力监督的主体是国家权力机关、监察机关、司法机关、拥有监督权的行政机关、政党组织（包括执政党和参政党）、社会公众和公民个人等；被监督的主体是行政机关及其行政公务人员；行政权力监督的客体是行政机关及其行政公务人员行使行政权力的行为，凡是与行政权力无关的行为不属于行政权力监督的内容。后文将从广义上展开对重大行政决策权监督的探讨，监督主体和被监督主体、监督内容进一步具体化。

（二）加强对重大行政决策的监督

1. 现实层面的需要

重大行政决策权作为一项重要的行政权力，其行使对国家和社会公共利益与公共秩序有重要意义，关系着社会整体的、长远的、宏观的发展。因此，必须要对其予以监督，要防止权力被滥用，就必须以权力约束权力。由于法学界长期以来对行政决策的认识不足，将其归为内部行政行为，对行政决策权的行使缺乏监督，当然也无责任可言。这导致了实践中决策权滥用的三拍现象，即"拍脑袋决策、拍胸脯保证、拍屁股走人"现象普遍存在。行政决策失误的情形很常见，还滋生出大量的腐败现象，极大地损害了社会公共利益。为保障社会重大利益关系的良性协调，必须对行政权进行规范，实现重大行政决策的法治化，监督就是其中的应有之

---

① 尤光付：《中国监督制度比较》，商务印书馆2003年版，第117页。
② 张尚鷟：《行政监督概论》，中国人事出版2005年版，第1页。

义。对重大行政决策监督是对行政决策权力制约的需要，以改变重大行政决策权缺失监督的状况。正如习近平同志指出的，"要加强对权力运行的制约和监督，把权力关进制度的笼子里，形成不敢腐的惩治机制，不能腐的防范机制，不易腐的保障机制"①。

2. 权力特性的需要

之所以要加强对重大行政决策的监督，从根本上讲是由于行政权的特性所决定的。重大行政决策权作为重要的行政权，行政权所具有的特性表现得更为突出，影响着重大行政事务的管理行为走向，决定着维护重大社会公共利益的目的是否能够实现。有学者论述了行政权公共性与自利性、边界性与扩张性、执行性与自由裁量统一的特性②。下面运用这一观点展开对重大行政决策监督的分析。

第一，行政权力兼有公共性和自利性的双重特点。行政权力的产生本身就是为公共利益而服务，具有实现社会公共利益的特点；但行政权力的运行需要权力拥有者意志的作用，当行政权处于运行之中，自利性倾向的存在成为必然，权力在实际运行过程中有可能偏离公共轨道并导致行政权力的扩张。重大行政决策权作为一项重要的行政权，在行使过程中可能导致决策者偏离社会公共利益的倾向，更多地考虑部门利益甚至是决策者个人利益，导致权力的滥用和权力的腐败。加强对重大行政决策权的监督是限制决策权自利性的需要。

第二，行政权力兼有边界性与扩张性的冲突特点。为规避行政权力滥用可能带来的风险，各国多为行政权力运行设置边界，而随着现代社会的发展，服务政府理念的兴起，行政权的行使由消极被动进而转向积极主动，行政权力涉及的领域不断扩张。这种扩张不断地突破设置的权力边界，自利性也在其中得以存在；基于政府服务功能发展而不断拓展的行政权力，在解决社会公共利益的重大问题上服务功能不断加强，从传统的行政领域向社会服务和保障领域、环境保护等社会公共安全领域拓展，从消极行政向积极行政转变，行政决策权的运行不断突破行政权力设置的边界。这其中所产生的一系列问题，需要通过加强对重大行政决策权的监督

---

① 习近平：《依纪依法严惩腐败，着力解决群众反映强烈的突出问题》，《十八大以来重要文献选编（上）》，中央文献出版社2014年版，第136页。

② 李辉、蔡林慧：《权力监督机制的结构功能困境及其破解》，《政治学》2013年第1期，第28页。

予以解决。

第三，行政权力具有执行与自由裁量结合的特点。行政组织在国家体制系统中的地位和作用决定了行政权力本质上是执行权，其行使以执行性为重要特征。所谓依法行政就是依照法律法规的规定行使行政权，以实现法律的目的为其根本目的，没有法律的依据行政权不得随意行使。然而社会公共事务复杂多变，仅仅依照既有的法律规范行事无法适应现实状况的复杂性和不断发生的变化，这在客观上要求给行政权的运行留有一定的空间，即法律为行政权留有一定的自由裁量权，以使其能够较为灵活地应对各种情形，但也为行政权力的扩张与滥用提供了可能性。重大行政决策区别于一般的具体行政行为，往往在于解决一定区域内以至更大范围内经济社会发展的全局性、长远性问题，决策所依据的"法"一般是较为原则性甚至法律尚无明确规定的；决策自由裁量权的运用就较为广泛，特别是面对经济社会全面发展的新问题，需要不断地选择去探索和创新，自由裁量权的运用是探索和创新的重要动力。因此，依法决策中包含更多的自由裁量权，如《条例》规定：决策草案未经合法性审查或者经审查不合法的，不得提交决策机关讨论；但对国家尚无明确规定的探索性改革决策事项，可以明示法律风险，提交决策机关讨论①。应当说《条例》赋予了重大行政决策权行使更多的自由裁量空间。

前述行政权所具有的特性像一把双刃剑，如果控制得好能更好地维护社会公共利益，如果控制不好就会带来不利影响。因此，加强对重大行政决策的监督是必然选择。在对重大行政决策权监督过程中，首先要看到重大行政决策权本身的公共性、边界性和执行性；同时也要看到其所具有的自利性、扩张性和裁量性的特点。前者对社会公共利益的保护性是明显的，对于后者特别是其中的扩张性和裁量性如果运用得好，对社会公共利益的保护也是显而易见的，也是现代社会发展的必然要求，但也可能带来对社会公共利益的不利影响。至于行政权的自利性，在中国特定历史条件下行政权自利性倾向明显地存在着，加强对重大行政决策权的监督就是要通过程序制度设计平衡决策中各种力量的配比，防止决策权滥用产生的不利后果，最大限度地维护社会公共利益。

---

① 《重大行政决策程序暂行条例》第二十五条。

二、对重大行政决策监督多视角的分析

重大行政决策监督多视角分析，是围绕着对行政决策权的控制而展开的，是对不同类型主体监督和不同监督形式呈现的一系列监督行为的探究，有助于我们从多视角认识重大行政决策监督，探究监督体系内不同监督之间的关系。主要从政党监督、宪法体制、行政自制和公众参与角度几方面展开分析。

（一）政党监督的角度

1. 政治监督与法律监督的统一

中国共产党在中国革命和建设的长期实践中确立了对国家的领导地位。在我国《宪法》序言中，明确了中国共产党的领导地位，指出"中国共产党领导的多党合作和政治协商制度，将长期存在和发展"。关于重大行政决策法治化问题，中共中央单独或与国务院联合发布政策性指导性文件给予指导，明确了要求建立行政决策的法律机制，提出了重大行政决策的五大程序和六项要求。各地方政府及其部门依据这些指导性文件的精神，开展重大行政决策程序的立法和规范性文件的制定，在过去十几年的地方政府重大行政决策立法实践中，党的领导发挥了重要的作用。从监督角度来看，是基于政党与国家的关系，中国共产党作为执政党对重大行政决策的监督，超越了普通行政法理念下行政法制监督层次的监督，有明显的政治性，具有宪法性质的特点，属宪政性质的监督。

重大行政决策要依法定程序进行，同时也必须考虑执政党和国家的政治需要，从根本上反映人民的利益和要求，而且要将其贯穿于立法与执法之中。中国共产党作为执政党，通过党的政策影响国家立法，首先是影响国家根本法宪法的制定，再通过宪法影响各部门法以至整个社会主义法律体系的构建。在重大行政决策法治化问题上，除影响重大行政决策立法外，还通过党的章程对党员的要求，影响党员在重大行政决策中的行为，使党员的行为不仅符合法律规范的要求而且符合党规的要求，达到比法律更高的行为标准要求；具体还通过党的组织系统对党员特别是党员干部在重大行政决策中的行为进行监督，促进行政决策权的依法行使。

2. 党规监督与国法监督的统一

在此，需要厘清党规与国法之间的关系，通过党规监督党的领导干部的重大决策行为促进依法决策。党的十八届四中全会通过的《中共中央关于全面推进依法治国若干重大问题的决定》指出，要"注重党内法规同国家法律的衔接和协调"。这表明是将党内法规定位成"软法"，属于国家法治体系中的一部分。付子堂教授就党内法规与国家法律的关系进行了深入分析，认为党内法规与国家法律之间，存在价值取向的一致性、规范对象的相融性、功能发挥的互补性、文化倡导的层级性和制度建设的衔接性①。可以从以下几个方面阐释这一问题。

首先，党内法规与国家法律共存于中国特色社会主义法治体系中。两者在根本价值的指向上是一致的。党内法规和国家法律的一致性统一于人民利益福祉这一最高目标之下，目的都是让人民生活得更美好。正是在此意义上，习近平强调："新形势下，我们党要履行好执政兴国的重大职责，必须依据党章从严治党、依据宪法治国理政。"其次，党内法规与国家法律两者并不相互排斥，而是相互支撑、相互融洽。党内法规着眼于全体党员，体现党的主张，规范党组织的活动和党员行为，保证着党的理想信念和宗旨，是执政的中国共产党党员的行为底线；国家法律着眼于全体公民，体现国家意志，规范公民行为，是全体中华人民共和国公民的行为底线。作为执政党的党员应当是公民中的优秀分子，对党员更加严格甚至苛刻的要求对于其他公民的向善向上具有积极的示范意义。再次，党内法规与国家法律两者在国家治理体系中发挥着具体而又不同的功能。中国共产党在国家事务中处于领导地位，规范党内事务往往涉及政务，对政务活动具有直接影响。因此，很多党内法规采取党、政联合发文的形式，旨在进一步加强党的领导，二者在功能上具有互补性。重大行政决策法治化进程中，党的文件直接发挥指导作用，或党、政联合发文共同促进。最后，党内法规在制度标准上要严于国家法律，是社会高标准的道德，法律则是社会最低限度的道德。党内法规的制度设计是与党的先进性、纯洁性直接相关的，与中国共产党"是中国工人阶级的先锋队""同时是中国人民和中华民族的先锋队"直接相关的。因此，就必须用党内法规把"党要管党、

---

① 付子堂：《党内法规与国家法律的关系》，http://theory.people.com.cn/n/2015/1104/c352498-27776765.html，2019年7月11日访问。

从严治党"落到实处,促进党员、干部更加严格地带头遵守国家宪法法律。要坚持"宪法为上、党章为本","注重党内法规同国家法律的衔接和协调"①。

从党规与国家法律的关系上认识党对重大行政决策的监督,可以明确:在重大行政决策追求和实现的目的上,党内法规和国家法律是一致的;依党规监督参与和执行重大行政决策的党员领导干部的行为,将有助于他们依法决策;在实践层面,对重大行政决策的规范和监督始终都是党与国家共同促进了重大行政决策的法治化,而党在其中发挥了领导作用,这是由我国社会主义的本质特征决定的。

(二) 宪法体制的角度

1. 西方国家三权分立制度下的监督

现代西方民主政体国家,最早是以三权分立理论为基础构建的。三权分立是西方学者关于国家政权架构和权力资源配置的一种政治学说,主张将国家权力划分为立法、行政和司法三种权力且分别由不同机关掌握,各自独立行使实现不同权力相互间制约,从而达到国家权力间的制衡。立法权是决策权,属于议会,其核心是立法和对国家重大事项作出决定;行政权是执行权,属于行政机关,其核心是执行议会的立法和决定;司法权是审判权,属于司法机关,司法机关通过审理案件实现对行政权的监督。建立在三权分立理论基础上的三权分立制度在西方各国有不同的表现形式,美国的总统制、英国的内阁制、法国的半总统制三种模式比较具有代表性。其中,只有美国实行比较彻底的三权分立,其他绝大多数西方国家主要实行议会制,立法权与行政权不完全分立。在国家权力的划分与相互制约中,立法是依法行政的基础,行政权依宪法和法律的规定行使;司法对行政权的制约成为必然。

2. 中国特色社会主义宪法体制下的监督

我国是社会主义国家,有不同于西方国家分权制衡的宪法制度的设计,实行人民代表大会制度,不实行分权制衡,但依然存在国家权力的权力划分与分工。依据我国《宪法》所规定的政治制度,实行"议行合一"

---

① 付子堂:《党内法规与国家法律的关系》,http://theory.people.com.cn/n/2015/1104/c352498-27776765.html,2019年7月11日访问。

的政治体制，设立国家权力机关（全国人大）和地方权力机关（地方人大），行使国家立法权和地方立法权，对国家、地方重大事务做出决定；行政机关是权力机关立法和决定的执行机关。行政机关首先要依法行政，在依法行政的前提下，通过决策权形成执行性政策、措施等保障人大立法和重大事项决定的执行。

我国《宪法》《全国人民代表大会组织法》《监督法》①等规定了人大常委会对行政权的监督制度；2018年《宪法修正案》第五十二条在国家机构中增设了"监察委员会"②。确立监察委员会作为国家机构的宪法地位，并明确其性质定位和职能职责，实现对所有行使公权力的公职人员监察全覆盖，充分彰显了监察委员会在国家治理体系中的重要作用。将原来行政机关内部的行政监察机关撤销，其职能归属为监察委员会，这样将原来的行政机关内部的专门监督即行政监察监督，转变为外部的监察委员会监督。监察委员会是反腐败工作机构，其设立的一个重要目的是深化国家监察体制改革，预防权力腐败。监察机关的主要职能是，在党的直接领导下，代表党和国家对所有行使公权力的公职人员进行监督，既调查职务违法行为，又调查职务犯罪行为，对所有行使公权力的公职人员进行监察，开展廉政建设和反腐败工作。

我国《行政诉讼法》具体规定了司法权对行政权的制约与监督的司法审查制度，监督行政权以保障公民的权利和社会公共利益。重大行政决策权属于行政权的重要组成部分，当然要接受权力机关、监察机关和司法机关的监督。

---

① 《中华人民共和国各级人民代表大会常务委员会监督法》由中华人民共和国第十届全国人民代表大会常务委员会第二十三次会议于2006年8月27日通过，自2007年1月1日起施行。

② 2018年《宪法修改案》第五十二条在《宪法》第三章"国家机构"中增加一节，作为第七节"监察委员会"。增加五条内容分别为：第一百二十三条 中华人民共和国各级监察委员会是国家的监察机关。第一百二十四条 中华人民共和国设立国家监察委员会和地方各级监察委员会。监察委员会由下列人员组成：主任，副主任若干人，委员若干人。监察委员会主任每届任期同本级人民代表大会每届任期相同。国家监察委员会主任连续任职不得超过两届。监察委员会的组织和职权由法律规定。第一百二十五条 中华人民共和国国家监察委员会是最高监察机关。国家监察委员会领导地方各级监察委员会的工作，上级监察委员会领导下级监察委员会的工作。第一百二十六条 国家监察委员会对全国人民代表大会和全国人民代表大会常务委员会负责。地方各级监察委员会对产生它的国家权力机关和上一级监察委员会负责。第一百二十七条 监察委员会依照法律规定独立行使监察权，不受行政机关、社会团体和个人的干涉。监察机关办理职务违法和职务犯罪案件，应当与审判机关、检察机关、执法部门互相配合，互相制约。

（三）行政自制的角度

1. 行政自制理论的提出及其内涵

"依法行政"原理诞生于德国君主立宪时代的背景下。但自20世纪初开始，特别是第二次世界大战之后，西方国家行政权迅速膨胀，逐渐渗透到立法权和司法权领域，取得了行政立法权以及行政裁判权且日益加强；同时行政权广泛介入到了更为广阔的社会经济生活领域且迅速扩张，以"积极行政"的方式扩展到经济发展、社会保障、环境保护和社会安全等领域，行政权逐渐成为最活跃和最强有力的国家权力形式，"行政国"现象逐渐凸显了出来。随着行政权的日益膨胀，其超越了传统的作用范围，在这一过程中，通过行政决策解决经济发展、环境资源保护、公共服务、社会保障、教育就业、收入分配等关系国计民生的问题的作用日益凸显，在保障公民权利、维护社会秩序的同时，行政权滥用的情形也日益普遍。为防止权力滥用，对行政权的制约监督成为现实要求。依靠传统的立法和司法制约行政权的理论在现实层面面临巨大挑战。从20世纪后期开始，各国行政法学者逐渐认识到单纯的立法和司法视角制约行政权认识的局限性，转向重新认识行政作为独立系统的"行政自身"，更加关注行政权的现实操作过程。20世纪70年代以来，日本学者先后提出了观点各异的"行政过程论"，强调对行政系统的立法、决策以及具体执行性过程展开动态和全面的考察；以行政过程为中心，展开具体的实证研究，系统分析行政过程中的"问题与现象"，现代行政自制理论逐步建立[①]。

我国虽然与西方国家的法治历程截然不同，但行政权的扩张与西方国家没有什么本质的不同。建设法治政府是我国建设社会主义国家面临的重要课题。我国1999年修宪，将"依法治国，建设社会主义法治国家"写入宪法，这标志着走向"法治国家"成为我国的国家观念。随着依法治国、建设社会主义法治国家进程的推进，2004年"尊重和保障人权"也写入了宪法。在这样的大背景下，明确了我国依法行政的目标是建设"法治政府"。法治政府建设提上日程，责任政府、服务型政府实践所带来行政价值取向的变化。行政自制理论受行政过程论的启发应运而生了。在行政

[①] 鲁鹏宇：《法治主义与行政自制——以立法、行政、司法的功能分担为视角》，《当代法学》2014年第1期，第25—26页。

系统内部加强对行政权力的控制成为来自行政机关系统内部的普遍要求，即探索以政府自身作为控制行政权主体的行政自制。这对于法治行政发展，特别是对于中国特色的政府主导型法治化发展具有重要意义。王名扬先生认为"制止行政机关滥用权力，不能单靠法院和国会等外部控制手段。行政机关内部的控制有时更有效率"[①]。与传统行政法理论对行政权的控制限制在外部主体上的他制不同，关保英教授2003年著文认为"行政权的规律只有行政主体才能真正掌握，也就是说，外部机制很难使行政权的行使真正符合行政权自身的规律性"[②]。这是从行政权运行规律角度阐释行政自制理论。之后崔卓兰教授与刘福元著文从多角度对行政自制理论进行了阐释，认为"行政自制是行政主体对自身违法或不当行为的自我控制，包括自我预防、自我发现、自我遏止、自我纠错等一系列下设机制，其首要功能指向在于弥补以单纯的他制为手段的制约模式的诸多不足，完善行政权的控制机制"[③]。其目的是通过行政自制织好规范行政权力的法治之网，是行政主体自发地约束其所实施的行政行为，使行政权在合法合理的范围内运行的一种自主行为，即行政主体对自身违法或不当行为的自我控制[④]。行政自制理论是强调政府自我控制的一种行政法理论，亦被称为"控权新说"，认为行政自制不仅具有必要性，而且也具有可行性。相对于包括立法控制、司法控制以及公民和社会舆论监督等在内的外部控制而言，主要通过裁量权内控制度、行政内部分权制度、行政惯例制度、绩效评估制度和内部监督制度等实践机制从公权内部规范其运作[⑤]。行政内部监督是行政自制理论内容的重要组成部分。

为防止行政权力滥用，对行政权的制约监督成为现实要求。行政机关内部监控，成为一种重要的自我约束机制，已基本形成内部制衡与监督机制。以分权理论为模型，将行政权在行政系统内部作适当分解，将不同的行政管理职责明确分归不同部门和人员，并制定相应的程序使之能"自

---

① 王名扬：《美国行政法》，中国法制出版社1995年版，第146页。
② 关保英：《行政权的自我控制》，《华东师范大学学报》（哲学社会科学版）2003年第1期，第64-71页。
③ 崔卓兰、刘福元：《行政自制——探索行政法理论视野之拓展》，《法制与社会发展》2008年第3期，第98页。
④ 崔卓兰、刘福元：《行政自制的可能性分析》，《法律科学》2009年第6期，第85页。
⑤ 崔卓兰、刘福元：《论行政自制之功能——公权规范的内部运作》，《长白学刊》2011年第1期，第83页。

动"相互牵制。① 这种相互制约，其本质就是行政内部划分的不同权力间的相互监督；还在行政机关内部特设了专门监督机关或专门人员，如我国设立了行政监察机关，即指国家行政权力系统内专门行使监督职权的机关。其职权是依法对国家行政机关及其公务员和国家行政机关任命的其他人员是否遵守和执行法律、法规和人民政府的决定、命令进行的监视和督察。②在国家行政组织内部设立审计机关依法对国家机关、事业单位和国有企业等组织的财政财务收支活动、经济效益和遵纪守法情况进行专项审计监督。审计制度是一项重要的行政机关内部经济监督制度。在依法治国，建设社会主义法治国家理念的引导下，我国行政机关系统内部自上而下推进依法行政。我国行政法学界也借鉴国外的经验，有学者提出行政自制理论，促进行政权内部的分化和发展。这一理论对我国行政机关内部制约与监督机制的建设有积极意义。

2. 重大行政决策内部制约的机制

建设社会主义法治政府，必然要求行政机关在其内部分工并通过程序对行政权进行制约与监督。由于重大行政决策权的重要性，要单独立法对其进行监督，构建起具有相应的制度以及制度间相互配合、相互作用的监督机制。其中重大行政决策内部过程性制约监督机制主要是重大行政决策合法性审查制度。

从2008年《国务院关于加强市县政府依法行政的决定》（以下简称《市县决定》）提出完善市县政府行政决策机制，明确要求建立重大行政决策的合法性审查制度，"市县政府及其部门作出重大行政决策前要交由法制机构或者组织有关专家进行合法性审查，未经合法性审查或者经审查不合法的，不得作出决策"；再到2010年《国务院加强法治政府建设的意见》（以下简称《法治政府意见》），进一步明确"重大决策事项应当在会前交由法制机构进行合法性审查，未经合法性审查或者经审查不合法

---

① 林春亮：《健全行政决策权监督制约机制——从行政内部监控视角》，《党政干部学刊》2010年第5期，第47页。

② 《中华人民共和国行政监察法》由第八届全国人民代表大会常务委员会第二十五次会议于1997年5月9日通过，自1997年5月9日起施行。该法第二条规定："监察机关是人民政府行使监察职能的机关，依照本法对国家行政机关及其公务员和国家行政机关任命的其他人员实施监察。" 2018年3月20日第十三届全国人大一次会议表决通过了《中华人民共和国监察法》，国家主席习近平签署第3号主席令予以公布，监察法自公布之日起施行，《中华人民共和国行政监察法》同时废止。

的，不能提交会议讨论、作出决策"。据此，在我国建立健全重大行政决策的合法性审查制度就成为我国地方各级政府决策的一个重要制度。这些文件中均明确了法制机构作为合法性审查的主体，或者组织有关专家进行合法性审查。从各地方立法看普遍规定了本机关法制机构审查的形式，在实践中也有邀请异地法制机构审查或提交上级机关法制机构审查的情形，还存在本级人民政府法制机构统一行使合法性审查职能的情形。当然也存在法制机构将该决策行为的合法性审查工作委托给社会上的非政府机构进行，并由法制机构采纳、认可其合法性审查结论的情形①。但无论是何种情形都属于行政机关的内部监督，但可以区分为本级行政机关内部的监督、本行政机关内部上级行政机关对下级行政机关的监督以及异地行政机关（平行或上下级行政机关）间的监督。因此，所谓"重大行政决策的合法性审查是指县级以上地方各级政府及其工作部门在重大行政决策作出前，应当将重大行政决策方案草案交由法制机构进行合法性审查，未经合法性审查或者经审查不合法的，不能提交会议讨论和作出决策"②。作为国务院发布的推进政府依法行政，加强法治政府建设的规范性文件，属于规范行政机关内部行为的规范性文件，规定的是行政机关内部的制约机制。国务院《重大行政决策程序暂行条例》（以下简称《条例》）第二十五条规定："决策草案提交决策机关讨论前，应当由负责合法性审查的部门进行合法性审查。不得以征求意见等方式代替合法性审查。"但这一规定很不具体，如负责合法性审查的部门、审查的程序规则以及审查结论的形式等问题等并未明确规定，还有待于今后各地方立法中进一步的细化规定。

此外，重大行政决策程序中的倒查机制和终身责任，也是行政系统内部重要的监督制度。党的第十八届中央委员会第四次全体会议审议通过了《中共中央关于全面推进依法治国若干重大问题的决定》，提出要建立重大决策终身责任追究制度及责任倒查机制。其从过程论的角度来看是一个事后监督制度，对未遵循公众参与、专家论证、风险评估、合法性审查、集体讨论决定等法定程序的重大行政决策进行倒查，对责任人实行终身责任追责。这一机制既可以是行政机关的内部监督，也可以是行政机关之外的

---

①② 宋艳慧、周兰领：《重大行政决策合法性审查的主体模式及其选择》，《领导科学》2011年第21期，第36-37页。

其他机关的监督,如监察机关就是终身责任追究的重要外部主体。这一制度作为重大行政决策内部监督制度的创新,通过对程序过程的倒查而对责任人进行终身责任追究,对重大行政决策过程中滥用权力、拖延不履行职责的行为具有强大的威慑力。这一制度在《条例》中也得到了进一步的确认,分"决策严重失误"或"依法应当及时作出决策而久拖不决"两种情形,造成重大损失,影响恶劣的,实行终身责任追究。

(四) 公众参与的角度

1. 公众参与的内涵

狭义的公众参与是指公民在代议制政治中参与投票的选举活动。这是一项政治参与,是现代政治民主的一项重要指标,也是现代社会公民的一项重要权利。广义的公众参与还包括依法对社会公共利益、公共事务的参与的过程和方式。社会公众以政治参与权为基础,形成对政府权力的制约和监督。这里所探讨的公众参与不包括公民在政治参与中投票的选举行为。正如学者王锡锌将公众参与定义为:"在行政立法和决策过程中,政府相关主体通过允许、鼓励利害关系人和一般社会公众,就立法和决策所涉及的与利益相关或者涉及公共利益的重大问题,以提供信息、表达意见、发表评论、阐述利益诉求等方式参与立法和决策过程,并进而提升行政立法和决策公正性、正当性和合理性的一系列制度和机制。"[①] 王周户认为:"所谓公众参与,是指政府之外的个人或社会组织通过一系列正式的和非正式的途径直接参与到权力机关立法或政府公共决策中,它包括公众在立法或公共政策形成和实施过程中直接施加影响的各种行为的总和。"[②] 对涉及公共利益的行政决策或公共决策的参与是公众参与的重要内容。

公众参与是在与政府或社会公共组织的互动中进行的,政府在公众参与中扮演着组织者与协调者的角色,参与者不仅代表利益相关者的利益,还代表更为广泛的社会利益,与组织者、协调者在法律的程序中展开对话,影响重大行政决策的走向和内容。广泛的公众参与促进了参与式行政的发展,一定程度上改变了以往行政决策单一主体作出决定的局面。"重大行政决策的主体范围应当涵盖两大类主体,即行政主体与行政参与主

---

① 王锡锌:《行政过程中公众参与的制度实践》,中国法制出版社2008年版,第2页。
② 王周户:《公众参与的理论与实践》,法律出版社2011年版,第345页。

体。在这种复合式的主体结构中，行政主体即政府决策机关是组织者和协调者，而公众主体除了公众个体之外，还包括组织化的公众群体，典型形式如利益集团和非政府组织。"① 社会公众因利益相关者身份而获得行政决策的参与资格，通过直接与政府或其他公共机构互动的方式决定公共事务的过程。公众参与所强调的是决策者与受决策影响的利益相关人双向沟通和协商对话②。在公众参与的实践中，"公众"概念的范围已经从开始阶段的利害关系人，扩展到"利益集团、研究人员、学者、咨询顾问、媒体、政党和其他与选举有关的角色，以及大批民众"③。而且这种拓展也逐步得到了立法的确认。公众参与具有双重属性，一方面是基于自身对利益的诉求，对涉及公共利益的重大问题表达自己的看法，维护自身的利益；另一方面是维护社会公共利益，限制行政机关在决策中滥用权力，以参与的方式对决策权进行监督，也即参与监督。随着在认识与立法上"公众"概念外延的不断拓展和实践中公众参与深度的加强，公众依法参与监督的作用日益凸显，促进决策的科学、民主、合法和可行发挥着越来越重要的作用。

2. 公众参与监督的形式

关于重大行政决策公众参与，一些地方立法或规范性文件对此有具体的界定，如"重大行政决策公众参与，是指经济和社会事务中与群众利益密切相关的事项在作出决策前，由决策事项承办单位组织社会有关方面对该事项的必要性、合法性和可行性进行论证，充分听取公民、法人和其他组织的意见，保障政府决策科学、民主、透明的行政活动"④。公众参与使社会公众真正成为处理与自己相关事务、推动社会发展的主体，是动员、组织、支持和推动社会公众采取自觉行动解决相关社会发展问题的重要途径。

公众参与作为一种监督方式，包括公众个体参与监督、专家咨询参与监督、社会团体参与监督等。公众参与的理论基础在于国家一切权力属于

---

① 桂萍：《公众参与重大行政决策的类型化分析》，《时代法学》2017年第1期，第45-46页。
② 江国华：《中国行政法（总论）》，武汉大学出版社2012年版，第130页。
③ ［美］约翰·W. 金登：《议程、备选方案与公共政策》丁煌，方兴译，中国人民大学出版社2004年版，第57页。
④ 《菏泽市重大行政决策公众参与制度》第三条。

人民，人民是国家权力的真正拥有者①。我国《宪法》规定了人民间接参与和直接参与国家和社会事务管理的两种方式。人民选举代表组成议会，由议会代为行使国家权力，即所谓的代议制。我国实行的是人民代表大会制度，人民选举人大代表组成人民代表大会，人民代表大会代表人民行使国家权力，是人民管理国家事务的一项根本制度。人民代表制度是一种很好的民主方式，但它具有间接性，表现为权利主体并不直接参与国家事务和社会事务的管理。间接性就可能存在着代为行使的权力可能被滥用的情形，参与式民主应运而生，公众通过参与直接行使自己的权利，表达自己的意愿。特别是对于直接关系人民群众切身利益的重大行政决策，社会公众是直接利益关系人，有权利也有必要参与到决策过程中，因而建立起了保障社会公众参与的相应制度。

在社会生活中，公众参与制度广泛存在，形式多种多样，最为典型的制度化形态是听证程序制度。重大行政决策中的公众参与程序化的制度设计，保障社会公众在其中表达自己的意见和建议，同时就是对行政决策权力行使的监督。如通过听证等程序规范行政决策权，监督行政机关在作出重大行政决策时，能够既考虑特定群体的利益，又最大限度地反映社会公众的利益，实现多重利益的协调。从行政法上行政行为理论的角度来看，重大行政决策会涉及特定相对人和不特定相对人（社会公众）的利益，让利益相关人参与到行政决策过程中，赋予利益相关人程序性权利，对行政决策权形成制约和监督，目的是既维护利益相关人自身利益，同时也实现社会公共利益，最终实现二者利益的平衡，维护社会公共秩序。重大行政决策公众参与是嵌入到行政决策中的行为，直接深入到了重大行政决策的内部，既涉及实体性问题又涉及程序性问题。通过参与监督行政决策权的行使，这种监督主要表现在以下几个方面：一是通过参与本身了解决策的过程和内容，监督决策程序是否合法；二是参与者利用自己相关的专业知识，提供专业的建议或对决策内容进行评议，促进科学决策的作出；三是不同参与者表达自己的或者所代表的多数人的利益诉求以及公共利益的维护，通过对话沟通，实现利益的平衡，促进决策的民主性。

---

① 《宪法》第二条："中华人民共和国的一切权力属于人民。人民行使国家权力的机关是全国人民代表大会和地方各级人民代表大会。人民通过各种形式和途径，管理国家事务，管理经济和文化事业，管理社会事务。"

三、重大行政决策内部与外部两个维度监督的协调

为了从多角度认识重大行政决策监督，在前述的理论探讨部分，依据不同的标准对重大行政决策监督进行了不同分类，给我们提供了多维的认识角度。选择其中较为常见的内部监督与外部监督的分类，对重大行政决策监督进行深入分析，也为后续的展开提供一个分析框架。

（一）重大行政决策内部监督

1. 内部监督的概念

对重大行政决策内部监督与外部监督的划分，是依据了监督权力的性质和来源，以监督权是来源于行政机关的内部还是在行政机关的外部作为划分标准。凡是监督权来源于行政机关内部的均属于内部监督；凡监督权来源于行政机关外部的就属于外部监督。"内部监督又称为系统的自循环监督，是指监督主体和监督客体同属于一个组织系统内，包括系统内部上下级机关之间相互实施的监督、系统内部特设的监督机关实施的监督以及在一个行政机关内部的监督。在我国的各类组织中都设有内部的监督机构，对同一组织系统内的各项行政管理活动和人员的行为实施检查和监督，内部监督属于组织的一种自我约束和监督，它是组织自我发展的需要，也是组织应对外来挑战的一种自我完善活动。"① 重大行政决策的内部监督，在立法实践中已经构建起了典型制度形态的重大行政决策合法性审查制度和决策倒查与终身责任追究责任制度。

2. 内部监督的种类和特征

（1）内部监督的种类。内部监督也称为同体监督，是行政权力系统内部权力划分与制约的结果。通过行政系统内部的不同层级权力和不同部门权力体系的构建，形成行政系统内部不同层级、不同部门间权力的监督关系。从我国行政权力体系架构角度看有以下监督类型：从纵向层级来看分为中央和地方两级，在地方又分为省市县乡若干级。上下级间形成监督关系，如上级政府与下级政府之间，本级人民政府与其所属部门之间，上级

---

① 毛宏升：《当代中国监督学》，中国人民公安大学出版社2003年版，第76页。

行政主管机关与下级行政主管机关之间；从横向不同部门来看，一般机关之间的权力处于平行状态，专门监督机关与一般机关之间形成监督与被监督关系，譬如审计机关与一般行政机关之间，有学者将行政复议机关也归为专门监督机关；在我国各类行政机关内部设立专门监督机构，与本机关其他平行机构之间形成监督与被监督的关系。内部监督的监督权与被监督的权力具有同源性，是以行政自制理论为基础的行政自控制度。因此，与外部监督相比，内部监督本身也具有相对性。

从我国行政权力体系架构角度看重大行政决策监督，合法性审查制度是典型的决策机关内部的监督制度。从一些地方立法的规范①来看，由于这一制度是对决策的一个阶段过程的实体与程序的合法性控制，均规定为由决策机关的法制机构进行合法性审查；在实践中也存在个别地方由上级法制机构或异地法制机构审查的情形。责任倒查机制和终身责任追究制度，由于属于后果或者是结果责任的事后监督，则存在决策机关内部监督、决策机关的上级机关监督或专门机关的监督。而事实上还会存在超出行政机关系统内部监督的外部监督，特别是个人终身责任的追究，基于客观实际情况变化等诸多因素的影响，已不适宜只在行政系统内部的监督，更多地转向外部的人大监督、监察监督等。

（2）内部监督的特征。作为行政内部监督的具体形态的重大行政决策监督，具有行政内部监督的一般特征。有学者概括了行政内部监督的五大特征，即监督主体构成的复杂性、监督运行的专业性、监督类型的多样性、监督效果的多重性和监督范围的全面性②。但对重大行政决策监督的描述具体可以概括为以下三个方面：一是监督主体的多层级性。包括决策机构在作出决定讨论前，内部法制部门对决策过程的监督；基于上下级关系的政府即决策主体法制机构对所属部门决策承办部门和执行部门行为的监督；专门机关即审计机关对重大行政决策的预算、执行和执行结果的监督；等等。二是监督运行的专业性明显。监督机关与决策机关同属于行政

---

① 《河北省县级以上政府重大行政决策合法性审查规定》（2016）第七条 重大行政决策事项提交集体讨论前，应由决策机关法制机构进行合法性审查。《武汉市人民政府重大行政决策合法性审查办法》（2018）第七条 市人民政府办公厅应当自收到决策草案及相关材料之日起5个工作日内作出处理。材料齐备的，应当将决策草案转交市司法行政部门进行合法性审查；材料不齐备的，应当退回起草单位补充材料。

② 廖原：《法治视野下行政内部监督研究》，中国政法大学出版社2015年版，第26-30页。

系统内部，对行政决策运行的规律更为了解，具有获取和解读相关信息的能力和方法，这些都是专业性的体现。例如政府公职律师、行政领域专家参与的监督有明显的专业性，审计机关的监督相较于一般行政内部监督，就具有更强的专业性，至于行政机关邀请或委托社会专业力量参与的监督是借助社会专业力量进行的监督，也属于行政内部专业监督的一部分。三是监督的全过程性。包括了对决策启动、公众参与、专家论证、风险评估过程的合法性审查监督；对集体讨论决定和决策公布行政决策过程记录和材料归档的监督；对决策执行过程中的反馈和实施后评估的监督；对决策者责任的倒查和终身责任追究的监督。

（二）重大行政决策外部监督

1. 外部监督的概念

与内部监督不同，外部监督属于异体监督，是指监督主体和监督客体属于不同的组织系统，除行政机关以外的主体，依法对行政组织系统内的各项管理活动和人员的行为实施检查和监督，是来自行政系统外部力量的一种约束和监督。外部监督权力来源于我国《宪法》《组织法》《监督法》《监察法》及其他法律如《行政诉讼法》等。

2. 外部监督的类型和特征

（1）外部监督的类型。重大行政决策外部监督的种类很多，可以从不同的角度对它们进行分类和阐释。以下主要从三个关系角度分析这一问题。

从政党与国家的关系角度看是来源于政党的监督，包括执政党与参政党的监督，主要是执政党的监督。政党监督属于宪法性质的监督，其直接的法律依据是《宪法》。

从国家权力间相互关系的角度看，是来源于国家行政权力以外的其他国家权力的监督，属于国家权力监督。包括三个方面：一是权力机关的监督，即权力机关对重大行政决策的监督，主要解决的是人大职权与行政职权的权限划分问题，防止行政决策行使人大的权力。二是监察机关的监督，主要是针对行使重大行政决策权的公职人员行为的监督，防止滥用权力和腐败。公职人员包括：决策机关行政首长，负有责任的其他领导人员和直接责任人员；决策承办单位或者是承担决策有关工作的单位以及决策执行单位负有责任的领导人员和直接责任人员。三是司法机关的监督，是指检察院和法院在诉前和诉讼过程中对重大行政决策行为的监督。

从社会与国家关系角度看，基于公民地位而具有的监督权以及由此衍生出的监督权的监督，如公民个人的监督和社会公众、社会团体的监督以及媒体的监督等属于社会监督。

（2）外部监督的特征。与内部监督权力的单一性不同，外部监督是由不同类型监督而形成的复杂的监督集合体。不同类型的监督共同区别于行政内部监督，但又性质各异，监督的主体、形式、内容各有侧重。外部监督的特征可以概括为：监督性质的多元性、监督主体的多重性、监督形式的多样性和监督环节的侧重性。

（三）内部监督与外部监督的关系

基于监督权来源于行政机关内部还是外部的标准，内部监督与外部监督的划分，给我们提供了一个对实际存在的各种监督关系进行透视的角度。内部监督是行政机关的自我约束，是各种监督中最经常、最直接的监督。内部监督离不开外部制约的社会环境，外部监督也离不开自我约束发挥的作用。只有把二者有机地结合起来，使两者密切配合，互相补充，相互协调，监督制度才能发挥其作用。

1. 政党监督的最高性

从重大行政决策的全过程看，外部监督中的政党监督贯穿决策始终，是高于其他监督的监督，具有特殊性。正如《重大行政决策程序暂行条例》所规定的，重大行政决策必须坚持和加强党的全面领导，把党的领导贯穿于重大行政决策全过程。这一监督区别并高于其他所有的监督，属于指导思想性质的监督，是政治引领性的监督，是对实体内容的监督，目的在于维护决策公共利益的实现，这也是党代表人民利益的具体体现。这种监督不可能产生于内部，而只能来源于外部。

2. 内部监督的前置性

从重大行政决策的发展具体过程看，内部监督是第一层次的，是行政自制的产物，是最普遍存在和最基础性的监督。政党监督之外的外部监督是第二层次的。内部监督存在于决策的过程中，如进行重大行政决策合法性审查，是向决策机关提交讨论、作出决策前的一个重要环节或程序，没有合法性审查就无法提交审议作出决策；政党监督之外的外部监督作为第二层次的监督，往往是在行政决策作出决定之后，实施过程中甚至实施完毕后的监督，而且相关监督程序的启动是以决策失误或者依法应该及时作出决策但久拖不决造成重大损失、恶劣影响为条件的。相对于外部监督而言内部监督具有前置性，但两者又有交叉性，如公众参与式的民主监督，也体现在决策作出过程中、决策实施过程中以及实施完毕之后。

3. 外部监督的根本性

对于重大行政决策的外部监督，政党监督之外的权力机关的审查应成为最根本性的监督，监察机关的监督属于专门性监督，对进入司法机关审查程序的监督，司法机关的审查应是最终监督。

要正确处理好重大行政决策行政机关内部监督与外部监督的关系，构筑起协调二者之间关系的监督制度机制，最终应建立起政党监督之下的立法、监察、司法对行政的监督和行政系统内部的权力间的监督以及权力监督与社会监督协调统一的重大行政决策监督机制。

第六章
重大行政决策监督制度的系统构建

党的十八届四中全会强调,要"强化对行政权力的制约和监督,完善纠错问责机制"。我国是实行"议行合一"制度的国家,已建立起了以《宪法》为核心,《组织法》为主干,《监督法》《监察法》等法律为支撑的比较完善的行政监督制度体系。重大行政决策监督体系,是指通过对重大行政决策监督制度的系统整合而建立起来的权力制衡体系,它是一个多元体制体系,由外部监督和内部监督两大体系相结合构成①。对重大行政决策的监督,首先是在行政机关系统内部地方政府通过政府规章和规范性文件,形成了基本的内部监督制度,其中主要有事前事中的合法性审查制度、实施中的评价制度和事后的后评估制度、领导责任追究制度。其次是对重大行政决策的外部监督,就是在现行宪法框架体制下将党的监督,权力机关、监察机关、司法机关的监督,人民政协、社会公众监督,公民个体监督以及舆论监督等监督功能发挥出来,形成监督合力。对重大行政决策的监督是一个系统化的体制问题,可以从内部与外部两个维度进行系统构建。

一、行政机关系统内部的监督制度体系

行政机关内部监督分层级监督和专门监督。层级监督在行政法制监督中普遍存在,在内部监督中发挥着基础性作用。随着国家监察制度的改革,原隶属于政府的专门的监察机关职能并入国家监察机关,目前的专门监督主要是指行政审计监督。过去我国的行政审计主要是查错纠弊,但没

---

① 卢剑峰:《行政决策法治化研究》,光明日报出版社2011版,第160页。

有展开绩效审计，对重大行政决策失误和决策腐败的问题没有完全纳入审计重点。下面主要分析重大行政决策立法中两个典型层级监督制度和审计监督制度，这些制度构成了行政机关系统内部的监督体系的基本框架。

（一）重大行政决策合法性审查制度

重大行政决策合法性审查制度是在重大行政决策程序过程中设置的专门监督制度，控制从决策启动到决策提交合法性审查部门审查前决策过程行为的合法性，具有层级性特点，决策机关的法制部门对决策承办单位或者承担决策有关工作的单位的决策承办行为进行监督。在地方立法和中央立法中均对此有规定，但《重大行政决策程序暂行条例》（以下简称《条例》）规定的比较原则，而有些地方对此进行的专门立法规定较为具体。作为行政权内部的监督制约机制，虽然有天然的缺陷，但其设置又是必要的或不可或缺的，是行政机关系统内部监督的重要制度之一。结合现有中央立法和地方立法的相关规定，对这一制度从以下几个方面进行探讨。

1. 关于审查主体问题

依据 2008 年《国务院关于加强市县政府依法行政的决定》（以下简称《市县决定》），明确政府的法制机构是重大行政决策的合法性审查主体，在其后的地方政府规章及其他规范性文件中，关于审查主体均是在此基础上规定的，一般规定为决策机关的法制机构①。2018 年 3 月 17 日第十三届全国人民代表大会第一次会议通过《关于国务院机构改革方案的决定》，决定重新组建司法部，不再保留国务院法制办公室。之后各地也进行了相应的改革，政府法制办的职能合并到了司法行政机关。2019 年国务院出台的《条例》，规定决策草案提交决策机关讨论前，应当由负责合法性审查的部门进行合法性审查，这一规定其实并未明确具体合法性审查主体。机构改革前，政府法制机构是处理政府日常法律事务的办事机构，担当合法性审查的职责，成为行政机关内部重大行政决策的合法性审查制度的审查主体，合法性审查制度面临着审查主体的非中立性和"行政自制"控权的

---

① 《河北省县级以上政府重大行政决策合法性审查规定》第三条 县级以上政府法制机构（以下统称决策机关法制机构）具体负责本级政府重大行政决策事项的合法性审查工作。《唐山市重大行政决策合法性审查规定》第四条 重大行政决策的合法性审查工作由市、县（市）区人民政府法制部门（机构）或者政府工作部门的法制机构负责。重大行政决策的承办单位及合法性审查工作中涉及的单位和个人，应当配合做好相关工作。

逻辑困境，应当从增强审查主体中立性的角度来解决这一问题。机构改革之后，法制办作为一个相对独立的机构已经不复存在，其职能归属到了司法行政机关。重大行政决策的合法性审查事实上由司法行政机关行使，审查机关的独立性有所增强但依然附属于决策机关，增强审查主体中立性问题依然存在。

2. 明确合法性审查的主体

《条例》对于重大行政决策合法性审查主体只作了原则性的规定，即应当由负责合法性审查的部门进行合法性审查。依据行政组织机构合并、分立、重组的职能归属原则，在事实操作层面解决了这一问题，但并不意味着在立法层面不再需要做进一步明确。国务院以行政法规的形式对此作出原则性规定，为地方立法对这一问题的规定提供了空间，应当对此作出更为明确的规定。从增强审查主体权威性、中立性的角度可以考虑：

（1）设立审查委员会。在积极推进重大行政决策法治化和2018年政府机构改革的背景下，应在负责合法性审查的部门设立专门的审查机构——审查委员会，具体行使对重大行政决策合法性的审查职权。内部合法性审查是行政自制的要求，自我遏止、自我纠错功能的发挥需要树立审查主体的权威，就要在行政权力内部进行权力划分实现"以权力制约权力"。设立审查委员会是权力划分的结果，目的在于提升审查主体的权威性。相对独立的审查委员会机构设置保证了审查权行使的相对独立性和稳定性，确保审查结果的权威性；设立审查委员会是专业化审查队伍建设的需要，合法性审查具有很强的专业性，需要有法律的、行政的专业知识、专业技能与实务经验；通过专业化人才队伍的稳定提高审查的行政效率，凸显内部合法性审查的优势，及时发现存在的违法情形并予以纠正，预防腐败的发生，最大限度地维护社会公共利益。党的十八届四中全会报告中指出："要推进政府法律顾问制度，建立法制机构人员为主体，吸收专家和律师参加的法律顾问队伍，保证法律顾问在制定重大决策、推进依法行政中发挥积极作用。"这个委员会由法学专家、法律专家等政府法律顾问及政府公职律师组成，其中法律顾问人数应达到相当的比例，以凸显专家团队的特点，也是为了保证专家顾问相对独立的地位，有利于其作用的发挥，在审查过程中保持中立、保证审查结果的客观公正；最后要将审查委员会的意见作为负责合法性审查部门的重要依据。

（2）审查权提级设置。在设立审查委员会的同时，还可以借鉴行政诉讼管辖制度改革的经验，考虑审查权的提级设置，由作出重大行政决策的上一级决策机关设立的审查委员会作为审查机关①。这符合我国行政管理体制的规定，使审查主体在很大程度上可以摆脱受制于事实上直接管理与被管理关系中无法独立的情形，改变过去由决策机关内部的审查机构行使审查权的状况。审查权提级设置的实质是建立合法性审查的纵向审查机制，增加审查主体的中立性，既可以最大限度地克服来自各方面的干扰，又可提升重大行政决策合法性审查的权威性，为政府科学、民主、合法决策从行政内部程序上予以监督性保障。具体设置的时候应考虑客观实际情况，应在县级以上人民政府和省级以下人民政府以下层级之间设置。

3. 关于合法性审查的范围

审查范围决定了审查主体对哪些事项具有审查权。这一问题涉及对"重大"如何理解。有学者指出，"在执法实践中，究竟哪些行为才可以被称为重大行政决策，多数情况下只是一项主观性活动"②，正如有研究者言，所谓"'重大行政决策'是个不确定法律概念，对其作一个明确而具体的界定是不现实的，确定某事项是否为重大事项的标准也不是单一的，必须根据地方经济和社会发展情况多角度衡量"③。但从合法性审查的角度看，是否"重大"又必须是明确的。从现有行政法规、规章和其他规范性文件看，对重大行政决策所涉及的范围界定有一定的差异。解决这些实际存在的问题，首先需要遵循的原则是，必须明确已经有法律规定了的事项不再纳入重大决策事项；其次是在进行概念内涵界定的基础上依据一般性标准（前述）概括式列举。在此基础之上，再结合各个地方经济与社会发展的具体情况，分类编制《重大行政决策目录》，将重大行政决策的范围明确地固定下来。由于重大行政决策事项的确定存在认识的主观性和时空的不确定性等特殊性，在这一问题上应不再受一直以来的"统一程序观"的影响，而采取逐一加以规范的立场④。国务院的《条例》对此已作出了较为明确的规定，一是明确了肯定的事项和排除事项；二是明确各地方要结合各自的实际，采用目录制度的方法具体予以确认；三是经同级党委同

---

① 张倩：《重大行政决策法治化路径探究》，《湖北社会科学》2016年第1期，第163页。
② 熊章林：《重大行政决策概念证伪及其补正》，《中国法学》2015年第3期，第287页。
③ 刘平：《上海市重大行政决策程序研究报告》，《政府法治研究》2009年第3期，第5页。
④ 宋智敏：《重大行政决策合法性审查机制的完善》，《江西社会科学》2016年第5期，第169页。

意后向社会公布。但这需要各地方制定目录管理的具体办法,加强目录确定的标准和程序性控制,防止目录确定的随意性。从实践上来看,很多地方采用重大行政决策事项年度目录的方法,取得了较好的效果。

4. 关于合法性审查标准

中共中央、国务院的一系列性文件,对重大行政决策合法性审查标准,从权限、内容、程序三个方面作了统一要求,对地方立法有指导性意义,在地方政府规章和规范性文件中得到了具体的体现。但合法性审查作为内部审查程序,要从内部抑制行政决策权的滥用,因此还必须要加强决策的目的性审查。审查从以下几个方面进一步细化:

(1) 权限合法审查。要看决策主体是否有相关权限,首先要审查是否拥有行政决策权;其次要审查是否在行政决策权限的范围内,即是否在界定的重大行政决策事项范围内。特别需要注意的是政府不能行使应当由人大行使的权力,为此应建立重大行政决策事项讨论之前报送人大常委会审查的程序。

(2) 内容合法审查。要审查重大行政决策是否以正在生效的法律、法规和其他性规范文件为依据,内容是否与现行法律、法规和其他规范性文件相抵触,是否违背了法律保留原则,是否违反法律的强制性规定等。法律法规规定的另外情况除外,例如《条例》规定的对于国家尚无明确规定的探索性改革决策事项,可以明示法律风险,提交决策机关讨论。

(3) 程序合法审查。要审查行政决策主体决策的过程是不是符合决策程序中规定的所有顺序、步骤、方式方法和时限等。凡是在程序中规定的所有事项,包括决策的提出、决策的承办过程中是否组织了专家论证,是否依法律规定的条件、程序进行了听证、可行性评估,听取了社会公众、专家的意见和建议等,依照程序规定进行逐项审查。除国务院行政法规对此问题的规定外,各地方立法应依据行政法规作出进一步细化规定。

(4) 目的性审查是一项实质合法性审查。一项行政决策行为如果与其应追求的目的相违背,那么其他一切合法就已经失去了意义。实践中有些重大行政决策机关、承办机关忽视社会公共利益或以公共利益为幌子,在程序合法的前提下,达到不正当目的的例子在实践当中并不少见。目的性审查一定要依据当地经济社会发展状况,对重大行政决策是否贯彻创新、协调、绿色、开放、共享的发展理念,是否适应经济社会发展和全面深化改革要求,所使用的手段、方法的适当性等进行审查,防止决策者出于个人目的和利益的操纵。目的性审查应贯穿于合法性审查的始终。

5. 关于审查意见及其效力

审查意见是指审查机关根据审查标准对重大行政决策的制定主体和权限、决策的内容和程序以及决策的目的进行法律上的判断,提出相关结论和建议。国务院的《条例》对这一问题没有作出规定。从各地的实践来看,关于审查意见的内容和形式的规范存在较大差异:一种情形是虽然要求提交审查意见书,但就意见的内容和格式没有作出规定,如广西;另一种情形是规定了意见书的内容和形式,但不够具体细化,操作性不强,如山西省的规定①。之所以操作性不强,从现有规定看:一是缺乏对意见书形式和内容的规范要求或规定不具体;二是因为审查意见缺乏类型化的具体规定,不便于操作或无法规范操作。但有一些地方的规定已经开始有了类型化的理念,进行了类型化的探索,如广州市②。这对于细化合法性审查制度的内容,提高审查的权威性有重要意义。但各地方的探索还处于初步阶段,在学界也存在较多争议。有学者提出,除要规定审查意见的形式和内容之外,对审查意见作出更为具体的类型化规定,可参考行政诉讼判决类型化的思路,具体可分为合法并提交审议、修改部分内容后提交审议、补正程序后提交审议以及违法不予提交审议等类型③。类型化的审查意见明确了可以提交审议和不可以提交审议两种情形,审查意见具体、明确,便于操作。

合法性审查意见的效力关系合法性审查意见的地位和作用,关系重大行政决策程序是否能够继续进行。为保证合法性审查制度不至于流于形式,应当赋予审查意见强制效力。首先,明确审查意见可以分为两种类型:同意提交审议和不同意提交审议。要严格依照类型化的要求,明确审

---

① 《山西省重大行政决策合法性审查办法》第十条规定:政府法制机构对重大行政决策事项进行合法性审查后,应当出具审查意见,审查意见应当载明下列内容:(一)审查的重大行政决策事项名称;(二)明确提出审查的重大行政决策事项是否合法;(三)发现重大行政决策事项在某方面存在不合法或存在法律风险的,应当说明理由,并提出修改建议或意见。

② 《广州市重大行政决策程序规定》第二十四条规定:政府法制机构应当根据不同情况对决策草案提出下列审查意见:(一)建议提交政府审议;(二)建议提交政府审议但需修改完善草案部分内容;(三)决策草案超越政府法定权限、草案内容或者起草程序存在重大问题需要修改完善的,建议暂不提交政府审议。

③ 宋智敏:《重大行政决策合法性审查机制的完善》,《江西社会科学》2016年第5期,第171页。

查意见结论为不合法的不得提交审议，如决策草案超越政府法定权限，决策程序不再继续进行。其次，对于可提交审议的，一种情况是结论为合法并提交审议的审查意见的直接提交审议，决策程序继续进行；另一种情况附条件的可提交审议结论，即需要修改或补充的情形或者既需要修改又需要补充的情形。对于这两种情况，必须在规定时间内进行修改或补充，或者修改补充完毕后，按程序再次提出审查要求。通过合法性审查的，提交决策机关审议，决策程序继续进行；如果依然达不到合法性审查标准的，则分不同情况不得再提交审议或暂时不得提交审议，决策程序不再继续进行或暂时中止。

（二）重大行政决策责任追究制度

所谓决策责任，一般可以界定为享有重大行政决策决定、承办和执行的职权，行使这些职权过程中由于违法，行政首长、负有责任的其他领导人员和直接责任人员应承担的责任。其中，决策机关违反法律规定，造成决策严重失误，或者依法应当及时作出决策而久拖不决，因而造成重大损失且影响恶劣的，通过倒查机制对决策机关的行政首长、负有责任的其他领导人员和直接责任人员依法追究终身责任。重大行政决策责任追究制度作为一项事后监督制度，对于促进决策机关依法决策有重要意义。重大行政决策的责任追究机制具有综合性，问责主体、对象、形式多元化。基于问题研究的角度，在此就行政机关内部的责任追究机制展开论述，涉及外部主体的内容在下一部分内容中分析。

2014年，党的十八届四中全会通过的《中共中央关于全面推进依法治国若干重大问题的决定》（以下简称《依法治国决定》）明确提出："建立重大决策终身责任追究制度及责任倒查机制，决策严重失误或者依法应该及时作出决策但久拖不决造成重大损失、恶劣影响的，严格追究行政首长、负有责任的其他领导人员和相关责任人员的法律责任。"之后地方政府积极探索建立重大行政决策责任追究制度，如《四川省重大行政决策责任追究暂行办法》第三条规定的所谓重大行政决策责任追究，是指县级以上地方人民政府重大行政决策未按照法定权限、程序、时限决策，或者造成重大损失、恶劣影响的，按照本办法规定追究行政首长、负有责任的其他领导人员及相关责任人员的责任。2019年国务院《条例》在法律责任一章对这一制度作了原则性的规定，确立了责任追究制度，并且将一般的违法责任和终身责任作了区分。作为一项重要的监督制度，地方立法在具体的探索上已经迈出了一步，还需要做进一步的探索。单单从理论上或技术上来讲，只要重大行政决策的每一步骤程序、每一个环节都详细地记录在案，每个决策参与者在整个过程中的影响和作用也都完整地记录在案，有迹可循、有案可查，追究相关人员的责任包括终身责任似乎不是一个难题。① 然而，事实却不尽然，责任追究并未常态化。纵观各地方关于责任的规定多比较原则，操作性差。由于对行政决策过程的规范性不够，缺乏相关配套制度，在实践中追究责任存在较大困难，制度的实效性差。对这一制度的完善从以下几个方面予以探讨。

1. 责任主体与追责主体

关于重大行政决策被终身追责的责任主体，《依法治国决定》明确为"行政首长、负有责任的其他领导人员和相关责任人员"，之后的地方立法规定基本移植了这一表述。从这一规定看，责任主体并非只有行政领导干部。重大行政决策的参与主体众多，但并非所有的参与主体都要承担责任。在一些地方的规定中，责任主体还包括论证的专家及有关机构。国务院《条例》将责任主体分为四类，具体包括：一是决策机关行政首长、负有责任的其他领导人员和直接责任人员的责任；具体规定造成决策严重失误，或者依法应当及时作出决策而久拖不决，造成重大损失、恶劣影响的，应当倒查责任，实行终身责任追究；同时还规定了减免责任的情形，即"决策机关集体讨论决策草案时，有关人员对严重失误的决策表示不同意见，按照规定减免责任"。二是决策承办单位或者承担决策有关工作的单位、负有责任的领导人员和直接责任人员的责任。三是执行单位对负有责任的领导人员和直接责任人员的责任；四是承担论证评估工作的专家、专业机构、社会组织承担相应责任。这样的规定比较原则，应区分不同情况具体分析。

为防止责任泛化，应明确将决策责任限定为在行政机关担任领导职务的公务员或是负有决策责任的领导人员。为落实党中央关于推行公务员制度改革的要求，2018 年修订的《公务员法》实行公务员职务与职级并行制度。行政机关公务员有领导职务类和非领导职务类之分，非领导职务人员

---

① 常武：《重大决策终身追责如何成为"活"的制度》，《北京青年报》2014 年 10 月 25 日，http://politics.people.com.cn/n/2014/1025/c70731-25905721.html，2019 年 7 月 7 日访问。

或具体工作人员,并无决策权限,当然也就无须承担决策责任。由于我国行政管理体制为行政首长负责制,因此,决策责任首要的责任人应当是行政决策机关的行政领导即行政一把手,其次是负有责任的其他领导人员,最后是相关责任人员。根据实际情况承担相应的责任,包括政治责任、法律责任。如果是党员还应受到党纪的问责。至于在决策承办和实施中有违法违纪行为的,弄虚作假等违法行为,应属于决策责任中的一般责任而非决策责任,不实行终身责任追究。关于论证的专家和机构的责任,由于专家和机构的独立权威性,对决策有重大影响,应当承担责任。但应区分具体情况如下:如果属于依规定受委托,如提交讨论前的专家(机构)的评估性论证,或者是规范化的论证,依规组成专家组,有规范性要求的专项论证的专家和机构,对自己的论证意见结论承担责任,并且在决策过程中应当明确规定专项评估意见作为重大行政决策的依据或主要依据。如果是一般性的征求意见、咨询性论证,没有规范性要求的,则不需要承担相应的责任。这样才符合"权责一致"的原则,否则会导致责任泛化,淡化真正影响重大行政决策的决策主体责任。

由于来自行政体系内部的重大行政决策责任追责制度属于同体监督,在行政系统内部的重大行政决策责任追究主体,为决策机关的上级机关(基于层级监督)或者是专门监督机关(基于专门监督),符合我国当前行政管理体制。但行政机关内部同体追责方式,特别是层级监督,由于层级体系的封闭性,存在监督难以操作的制度性障碍,使监督有其无法克服的局限性。这一制度在体制层面上存在的现实障碍是,重大行政决策责任追究往往是几年、十几年甚至更长时间的事情,决策者已经升任、调任等情形普遍存在,就可能演化为"下级追责上级""后任追责前任""现任追责离任",甚至是"千里马追责伯乐"的尴尬情形。毋庸置疑,这一缺陷严重地影响了追责的公正性和可信赖度①。因此,更应重视行政内部专门机关的监督,充分发挥专门监督机关——行政审计监督的作用。专门机关监督与层级监督相比,机关本身具有相对的独立性,主要是针对特定决策行为进行的监督,往往不受时间空间的限制,基于审计的结果对负有责任的个人追责,既有充分的事实依据,又超越了体制的障碍,在行政决策责

---

① 韩春晖:《行政决策终身责任追究制的法律难题及其解决》,《中国法学》2015年第6期,第86页。

任追究方面具有更大的优势。

2. 责任追究的情形

在党、政关于重大行政决策的指导性文件和地方规定中,关于终身责任追究一般界定为违法对重大行政决策严重失误或者应当适时作出决策但久拖不决,造成重大损失、恶劣影响的。包含两种情形：一种为作为情形下的严重失误,另一种为不作为情形下的久拖不决。前者是从程序上判断,重大行政决策是否按照程序规定完成了规定动作且是否符合程序要求,就成为基本的判断标准。除了程序是否合法的考察之外,还要看决策的制定和实施的目的性是不是与立法和规定相一致。防止实践中只重视程序而忽视实质,或者程序之下所隐藏着的其他目的。后者不作为是一个比较复杂的判断的情形,这一点应根据实际情况,政府重点工作安排的计划、经济社会发展的重大突破点、一项重大决策推进时间的计划等。这两种情形的终身追责,均应当在是否造成重大损失、恶劣影响的情况下予以考量。

对违法决策严重失误责任追究应考虑以下三点：一是解决决策程序是否合法问题。所有决策过程均有完整档案的建立和保存,有将决策的程序及其实际情况记录在案的原始记录档案并予以保存,做到有据可查。原始记录档案是指在程序实施过程中每一步骤、方式留痕的档案,全面、真实记录决策的机关和决策者以及承办机关和具体承办人的行为。二是解决是否造成重大损失、恶劣影响的实施后果问题。对于经过决策程序的,以实施后评估及其结果作为依据,对已经实施的重大行政决策必须经过专业的评估,没有经过评估程序不能追究责任。三是看社会的反响如何。社会的反映,社会公众的意见和要求等社会效果,应作为重点的参考。一项决策及其实施没有得到社会普遍的认可,造成恶劣影响的,应当作为追究责任的重要依据。

3. 责任形式与期限

行政决策同传统的行政行为不同,是行政决策者为达到设想中未来事物的状态而选择的一种行动计划的渐进过程。本质上这种"渐进决策模式"是一种政治过程[①]。因此,重大行政决策的首要责任应当是政治责任。

---

① William F. Fox, Understanding Administrative Law (fifth edition), New York：Matthew Bender & Co., 2011.

这里所谓的政治责任是指决策者没有依法履行制定、实施符合民意的重大行政决策时所承担的谴责和制裁。这种谴责和制裁不仅基于是否符合法律规范和法律程序即形式正义的评价，更是对其决策及其后果是否合理正当即实质正义的考察。在我国行政法治建设过程中，有将政治责任法律化之趋势，如中共中央、国务院于2009年6月发布的《关于实行党政领导干部问责的暂行规定》规定了责令公开道歉、停职检查、引咎辞职、责令辞职、免职五种责任形式，其中引咎辞职、责令辞职两种形式在我国2005年《公务员法》第八十二条中就已规定为法律责任①。2018修订的《公务员法》第八十六条依然有此规定。在现行的重大行政决策地方规章和其他规范性文件规定中，对重大行政决策责任的追究的形式多种多样，但有些地方立法中规定的责任过于轻微，如批评教育、公开道歉、诫勉谈话等，不适宜作为重大行政决策责任形式②。对于重大行政决策违法应依据《公务员法》的有关规定给予警告、记过、记大过、降级、撤职、开除的行政处分，以及引咎辞职和责令辞职，这样的法律规定统一，也便于操作，避免了规定之间不一致或相互冲突，在适用上无所适从的情形。当然"上述规定对于重大行政决策的问责来说，显然不够具体，且因相关问责主体、问责程序方面的规定尚有待制定，必然影响此一条款在决策问责方面的实际效果之发挥"③。需要从重大行政决策责任角度建构具体问责制度。除此之外，可依据党政领导干部问责规定，承担相应的政治责任。

党的十八届四中全会《依法治国决定》提出，重大行政决策的决策责任的承担是终身追究制，在地方立法和中央立法中也得以确认。终身追究责任具有强大的威慑力，根本目的在于规范重大行政决策权的行使，促进决策的科学、民主与合法。如何理解终身追究制，应区分不同的情形，如果是法律责任，根据现有的法律规定。目前行政责任的追究应以《公务员法》的规定为依据，无论决策者在哪里任职，任什么职均依法追究。如果追究责任时已不再任职，也要追究责任并依法取消其已取得的职位利益；

---

①③ 周叶中：《论重大行政决策问责机制的构建》，《广东社会科学》2015年第2期，第233页。

② 《四川省重大行政决策责任追究暂行办法》第十七条 按照本办法规定追究有关责任人员责任，可以采取批评教育、责令公开道歉、诫勉谈话、停职检查、引咎辞职、责令辞职、免职等方式追究责任；构成违纪的，依照相关法律、法规、规章等规定给予处分；涉嫌犯罪的，移送司法机关依法追究刑事责任。

刑事责任的追究以刑法的规定期限为依据。除此之外，还可能要承担政治责任。法律责任与政治责任不可相混，也不能相互替代，法律责任依法律规定，政治责任可以是终身追究的。

4. 与责任制度配套制度的完善

重大行政决策责任，既是违法责任，也是后果责任。违法决策要追究决策者责任，违法的形式包括作为和不作为两种。依法追究责任至少应有三项配套制度建立并完善。首先是决策档案制度。依档案管理制度的规定，将重大行政决策的过程作真实的记录且归档管理，为事后的责任追究提供法律依据。如果缺少这一项制度，责任追究制度就无法落到实处。其次是决策评估制度。要建立行政机关上级部门自评、社会组织、专业机构等多元化的评估体系，增强评估主体的独立性和公信度①。此外，就是要完善审计这一专门的监督制度。前两项制度在政府规章和规范性文件中有规定，但到现在为止，单项规定较少，综合性立法或规定中，内容相对简单，操作性差。审计制度作为一项专门性监督制度较早就存在了，目前在对重大行政决策监督问题上，应通过不断完善审计监督制度拓展其功能，与重大行政决策责任追究制度相衔接，为责任追究制度的落实提供依据。

（三）重大行政决策审计监督制度

1994 年 8 月第八届全国人民代表大会常务委员会第九次会议通过了《中华人民共和国审计法》，2006 年 2 月第十届全国人民代表大会常务委员会第二十次会议根据《关于修改〈中华人民共和国审计法〉的决定》对其进行修正，立法目的是加强国家的审计监督，维护国家财政经济秩序，提高财政资金使用效益，促进廉政建设，保障国民经济和社会健康发展。《法治政府建设实施纲要（2015—2020 年）》提出，要"完善审计制度，健全有利于依法独立行使审计监督权的审计管理体制，建立具有审计职业特点的审计人员管理制度，基本形成与国家治理体系和治理能力现代化相适应的审计监督机制"。

1. 重大行政决策审计监督的内涵

审计监督属于行政机关的专门监督。所谓"专门监督指的是在政府体

---

① 韩春晖：《行政决策终身责任追究制的法律难题及其解决》，《中国法学》2015 年第 6 期，第 92 页。

系中专门设置行使特定监督职能的机关,来对其他机关进行监督的形式"①。审计监督是指行政机关的审计部门依法对有关行政机关,国家财政金融机构,企事业单位的财务收支活动,经济效益和财政纪律的遵守情况进行的监督活动。在国务院《条例》中规定,审计机关按照规定对重大行政决策进行监督。这一规定明确了要对重大行政决策进行审计,要求加强对重大行政决策的审计监督。一项重大行政决策往往会涉及大规模的财政资金使用,财政资金使用的状况直接关系着重大行政决策实施的状况及其结果,对其审计监督势在必行。

所谓重大行政决策审计监督,是指审计部门依法对重大行政决策活动中财政资金的预算、使用,财政资金使用效益以及财经纪律的遵守等情况进行的专门的技术性监督。这一监督活动依法展开,独立行使审计权,客观公正地以审计报告的形式呈现重大行政决策项目的收支状况和投资收益状况。一项重大行政决策审计会涉及多个行政机关,包括项目预算的审计、项目实施阶段的审计和项目实施完毕后的审计;不仅包括经济活动、经济效益的审计,而且还应当包括社会效益的审计。将重大行政决策分不同阶段进行审计,决策阶段、实施阶段和后评估阶段审计监督各有侧重;审计过程中要把领导人和直接负责人员作为重点审计对象。

2. 重大行政决策审计监督作用

虽然《条例》中对此已有规定,即"审计机关按照规定对重大行政决策进行监督"②。但如何对重大行政决策审计却是审计面临的新课题,学界对于重大行政决策审计监督的探讨还没有充分展开,有待进一步深入;实践中开展对重大项目行政决策审计还处于初步阶段。在重大行政决策审计监督中,应设立以问责为导向的审计监督制度,针对重大行政决策中的财政预算及其执行情况,决策机关、承办机关和执行机关的领导人和直接责任人的财务活动进行审计。

重大行政决策审计过程中审计机关拥有调查权、措施权和处理权,以保障审计和监督活动的正常进行。所谓调查权包括检查权、查询权等,具体是指审计机关有权就重大行政决策事项的有关问题向有关单位和个人进行调查,并取得有关证据材料;有权检查被审计单位的会计凭证、会计账

---

① 廖原:《法治视野下行政内部监督研究》,中国政法大学出版社2015年版,第50页。
② 《重大行政决策程序暂行条例》第八条。

簿、财务会计报告，运用电子计算机管理财政收支、财务收支电子数据的系统，以及其他与财政收支、财务收支有关的资料和资产；经县级以上审计机关负责人批准，有权查询被审计单位在金融机构的账户；经县级以上人民政府审计机关主要负责人批准，有权查询被审计单位以个人名义在金融机构的存款账户，等等。所谓措施权就是县级以上人民政府审计机关负责人批准，审计机关有权封存有关资料和违反国家规定取得的资产。所谓处理权就是认为被审计单位所执行的上级主管部门的有关财政收支，财务收支的规定与法律行政法规相抵触的，审计机关应当建议有关主管部门纠正，可以向政府有关部门通报，或者向社会公布审计结果等。审计机关对违反国家规定的财政收支、财务收支的规定与法律、行政法规相抵触的，审计机关应当建议有关主管部门纠正；可以向政府有关部门通报，或者向社会公布审计结果，等等。依法应当给予处理、处罚的，在法定职权范围内作出审计决定或向有关主管机关提出处理、处罚的意见①。

通过审计对重大行政决策的预算和执行进行严格的监督，针对财政资金使用中存在的问题，逐步规范财政资金的使用状况，提高财政资金的使用效率，堵死政府官员腐败之门；为重大行政决策责任的承担提供具体的法律依据，将重大行政决策终身责任追究落到实处。重大行政决策审计报告除涉及国家机密外，都应向社会公开并接受社会的监督。

二、行政机关系统外部的监督制度体系

来自行政机关外部的监督由不同性质和种类的监督构成了一个复杂的监督体系，包括政党监督、国家机关的监督以及社会力量的监督。政党监督正在日益加强且有法治化的趋势；国家机关的监督包括权力机关的监督、监察机关的监督和司法机关的监督，基本形成了相应的监督制度但需进一步的完善；社会监督中包括社会公众参与监督、政协监督、社会组织监督、公民个体监督以及社会舆论监督，它们各自独立又有一定的交叉性，共同构成了社会监督体系。社会监督的共同特点是非权力性监督，对

---

① 行政法与行政诉讼法编写组：《行政法与行政诉讼法学》，高等教育出版社2018年版，第270页。

行政决策权是一种软约束,但同时又在长期的社会监督过程中形成了一定的事实上的习惯性强制力。

(一) 重大行政决策政党监督

1. 政党监督的内涵

政党是由社会中一定阶级或阶层的活动分子,为了实现某种政治目标而有计划地组织起来的一种政治组织。政党以从事政治活动为主要目的,有明确的纲领和严密的组织纪律,合法的政党活动受国家宪法的保护。中国共产党作为无产阶级的政党,是中国工人阶级的先锋队,同时是中国人民和中华民族的先锋队,是中国特色社会主义事业的领导核心,代表中国先进生产力的发展要求,代表中国先进文化的前进方向,代表中国最广大人民的根本利益。党的最高理想和最终目标是实现共产主义[①]。我国的政党制度是中国共产党领导的多党合作制度,为我国《宪法》所确认,并且明确了中国共产党领导是中国特色社会主义最本质的特征。我国的政党监督是中国共产党和各民主党派对行政机关的工作实施的监察与督导。我国的政党制度决定我国的政党监督包括执政党监督和参政党即民主党派监督两类。执政党监督基于其政治地位和执政地位,民主党派监督基于其政治职能和参政地位,实施对国家行政权的监督。中国共产党作为执政党其监督区别于其他所有的监督,具有非常重要的地位。

2. 我国政党监督的性质

我国的政党监督具有政治监督和法律监督的双重属性。"中国共产党并不是某个集团利益代表的西方意义上的'政党',而是在概念内涵与外延上都能扩展至全体人民的这样一个组织。它以思想的先进性而非利益作为区分党员与非党员的标准。"[②] 因此,我国的执政党——中国共产党的监督首先具有政治监督的属性。党的十三大报告就指出:"党领导的人民建立国家政权、群众团体和各种经济文化组织,党应当保证政权组织充分发挥职能,党应当充分尊重而不是包办群众团体以及企事业单位的工作。党的领导是政治领导,即政治原则、政治方向、重大决策的领导和向国家政

---

① 《中国共产党章程》(2017)。
② 郑智航:《中国特色社会主义法律监督理论的主旨与内核》,《法制与社会发展》2014年第6期,第183页。

权机关推荐重要干部。"执政党——中国共产党的监督在我国有《宪法》上的依据，《宪法》确立了中国共产党的领导地位和党对国家的领导权。在立法过程中，党的主张经过法定程序成为国家意志，上升到法律的层面。因此，执政党对国家权力的监督是基于《宪法》的规定，是具有宪法属性的监督。在具体的法律规定中明确党对具体行政权力行使的监督，如在《条例》中明确规定了党对重大行政决策权行使的监督，是具有一般法律属性的监督。这一规定具有突破性的创新价值，有划时代的意义。

执政党监督具有宏观性与微观性的特点。宏观角度的执政党监督是一个政治上的宏观引导性的监督，有事前监督的特点，例如，党通过一系列的文件，指导重大行政决策的法治化发展，就包含着对重大行政决策法治化发展的监督；在微观层面，执政党通过其严格规范的组织系统，依照党章党规和党员道德准则等规范，如依据《中国共产党党内监督条例（试行）》《中国共产党廉洁自律准则》《中国共产党纪律处分条例》《关于实行党政领导干部问责的暂行规定》等规定严格对党员的要求，对党员个体的行政决策行为进行指引和监督。党的十八大以来，以习近平为领导核心的党中央，大力加强党内法规建设，对党员干部这方面的监督力度得到了空前的加强。

3. 政党对重大行政决策的监督

重大行政决策的法治化，党中央就是通过其政策性文件，引领国家与地方立法及其他规范性文件的制定，对重大行政决策行为进行事前、事中和事后控制，促使行政决策权依法行使。我国社会主义法治建设，包括对重大行政决策制定、实施及监督的法治化，是在党的政策性文件的指导下进行的，在这点上中国共产党的政策引领始终坚定不移。执政党的引领和监督是我国重大行政决策法治化的基本推动力；在重大行政决策监督的具体运作层面，通过党内法规，监督担任重大决策事项职务的党员领导干部和一般公务人员，保证党的指导思想和基本精神的贯彻执行，对在重大行政决策过程中违背党的自律准则、党章党纪的党员追究责任。需要指出的是，实践中党委决策和行政决策有时难以区分，如果党委参与了重大行政决策，那么党的领导需要承担相应责任。这种责任在实践中首先是道德责任与政治责任。

执政党监督的最大作用不仅在于其处理个案的多寡，还在于严格规范党员的重大行政决策行为，依法依规从事决策活动，发挥政党的模范作用与引导功能。目前，党对重大行政决策的监督得到了空前的加强，且还在发展中不断完善。党对重大行政决策的监督有政治监督法律化的倾向，譬如，在国务院颁布的《条例》中规定，"重大行政决策必须坚持和加强党的全面领导，全面贯彻党的路线方针政策和决策部署，发挥党的领导核心作用，把党的领导贯彻到重大行政决策全过程。"这是在除《宪法》以外的其他法律规范中对党的领导和监督的确认，明确了党对政府重大行政决策的全面领导；同时还规定了党对重大行政决策具体环节的监督，将党的监督深入到了行政决策权活动的关键环节，确保了党对重大行政决策权监督的具体落实和实效性的取得。

参政党监督即民主党派对重大行政决策的监督是政党监督中不可或缺的部分，主要有两种形式：一是参政议政过程中的民主监督。各民主党派成员，在国家行政机关中占有适当数量，依法履行职权，在参与重大行政决策的过程中发挥民主监督作用。如国务院和地方各级政府聘请民主党派成员担任政府参事室参事，在参与管理的过程中监督政府决策；二是在社会沟通和社会服务过程中的监督，通过行政决策程序参与到行政决策中，发挥民主党派成员在某些特定行业、领域的专业优势和特长，同时也是对政府行政决策的监督[①]。这种情形下，参政党监督有很强的社会监督的性质。

（二）重大行政决策人大监督

1. 人大监督的内涵

我国的根本政治制度是人民代表大会制度，人大及其常委会是代表人民管理国家和社会事务的国家和地方最高权力机关。人大监督又称国家权力机关的监督，是权力监督的核心部分。关于加强对权力的制约和监督问题，党的十六大报告指出："建立结构合理、配置科学、程序严密、制约有效的权力运行机制，从决策和执行等环节加强对权力的监督，保证把人民赋予的权力真正用来为人民谋利益。"我国行政机关是国家权力机关的执行机关，由其产生，对其负责，受其监督[②]。各级人大及其常委会设立的目的，除立法外，监督其他国家机关包括政府活动是其一项十分重要的职责。我国《宪法》第三条规定："国家行政机关、监察机关、审判机关、

---

① 卢剑峰：《行政决策法治化研究》，光明日报出版社 2011 版，第 186 页。
② 王奎：《试论权力机关对行政机关的监督》，《成都行政学院学报》2007 年第 1 期，第 33 页。

检察机关都由人民代表大会产生，对它负责，受它监督。"全国人大常委会有权监督国务院的工作、"撤销国务院制定的同宪法、法律相抵触的行政法规、决定和命令"①。在我国《地方组织法》中也有相应的规定，县级以上的地方各级人民代表大会有权"撤销本级人民政府的不适当的决定和命令"②。我国《监督法》规定："各级人民代表大会常务委员会依据宪法和有关法律的规定，行使监督职权。""各级人民代表大会常务委员会对本级人民政府、人民法院和人民检察院的工作实施监督，促进依法行政、公正司法。"③人大常委会监督是各级人大常委会最重要的职权和最经常性的工作。人大作为国家权力和地方权力的权力中心，对政府重大行政决策的监督，是最具权威性、强制性和法律约束性的。

2. 人大监督的种类

根据《宪法》《监督法》等法律的规定，全国人大及其常委会对行政权监督的方式较多，有询问、质询和调查、审查和批准、改变和撤销、听取和审议、罢免、撤职案的审议和决定等监督方式。从对重大行政决策的监督来看，对其中的几种方式具体分析：人大开会期间听取、审议报告、询问等方法属一般常规性监督，针对性不强，在许多方面难以深入；专项报告④、质询、特定问题的专门委员会调查处理的监督有较大的力度，但从实践上看，使用频率不高，整体效果不明显，尤其是质询等这些重要监督形式的作用没有得到很好地发挥。

对于在召开人大会议期间通过听取政府工作报告，这种监督方式是整体性的，很难对重大行政决策中的具体问题进行具体监督。人民政府可以通过向本级人民代表大会常务委员会要求报告专项工作，即作专项报告接受监督，有一定的针对性，有利于对重大行政决策中的问题进行监督。但

---

① 《宪法》第六十七条第六项、第七项。
② 《中华人民共和国地方各级人民代表大会和地方各级人民政府组织法》第八条。
③ 《监督法》第三条、第五条。
④ 依照《监督法》第八条的规定，各级人民代表大会常务委员会每年选择若干关系改革发展稳定大局和群众切身利益、社会普遍关注的重大问题，有计划地安排听取和审议本级人民政府专项工作报告。针对本级人民代表大会常务委员会在行政执法检查中发现的突出问题，本级人民代表大会代表对人民政府工作提出的建议、批评和意见集中反映的问题，本级人民代表大会常务委员会组成人员提出的比较集中的问题，本级人民代表大会专门委员会、常务委员会工作机构在调查研究中发现的突出问题，人民来信来访集中反映的问题；社会普遍关注的其他问题，人民政府可以向本级人民代表大会常务委员会要求报告专项工作。

整体运用得较少，今后要加强这一监督方式的运用，就关系一个地区长远的、全局的、战略性的重大行政决策中所存在的问题进行监督。询问是在各级人民代表大会常务委员会会议审议议案和有关报告时，本级人民政府或者有关部门，应当派有关负责人员到会，听取意见，回答询问。作为一种监督方法是相对温和的，监督的力度较弱。质询监督是一种非常有力的监督，全国人民代表大会常务委员会组成人员十人以上联名，省、自治区、直辖市、自治州、设区的市人民代表大会常务委员会组成人员五人以上联名，县级人民代表大会常务委员会组成人员三人以上联名，可以向常务委员会书面提出对本级人民政府及其部门和人民法院、人民检察院的质询案。质询案由委员长会议或者主任会议决定交由受质询的机关答复。但由于会期短，时间有限，加之信息不对称，专业知识不足，运用得比较少，这些都会影响监督效果，导致质询监督不到位，质询监督应有的权威没有显现出来。

3. 加强对重大行政决策的整体监督

从《宪法》规定的国家宪政体制来看，关于人大对行政权力的监督，其核心是确保国家法律和重大决策的实施，保证行政机关依法行政①。2014年的《依法治国决定》指出，"把公众参与、专家论证、风险评估、合法性审查、集体讨论决定确定为重大行政决策法定程序，确保决策制度科学、程序正当、过程公开、责任明确。"这为各级人大及其常委会对政府决策监督提供了具体的依据，明确了监督的具体内容。加强人大对重大行政决策的监督，有以下几点考虑：①人大建立专门的监督机构。人大作为"议行合一"的机关，对由它产生的政府机关具有监督权。目前，各级人大常委会都没有设置专门的监督机构，兼职人大代表的状况也不利于监督工作的具体展开。人大监督是规范行政权力行使的重要形式，但是人大却常常亲自去从事行政决策，使得人大无法进行监督，监督主体缺位②。建议人大要避免与政府成为共同决策人的情形，严格权力分工，让行政决策权独立行使，人大始终处于监督的位置。人大要设置专门的监督机构监督行政权的行使，加强对包括重大行政决策权在内的行政权的监督。②实

---

① 蔡林慧：《我国行政权力监督体系的完善和发展研究》，上海三联书店2014年版，第242页。

② 蔡林慧：《我国行政权力监督体系的完善和发展研究》，上海三联书店2014年版，第220页。

现人大对行政领导干部的任免监督。由人大产生的国家行政机关，人大自然有对其官员的任免监督权，进一步加强人大对行政机关的权威和监督，加强人大对政府重大行政决策权的监督。当然，这需要在加强党的统一领导和部署的前提下来建立和完善任免机制。③人大对行政机关行使质询权常态化。建立人大专职代表制度，让一部分人大代表成为专职代表，人大闭会期间在常委会组织下专门从事常态化的监督工作，对重大行政决策的监督落实到人大的日常工作中。以上几个方面的建议，核心就是真正确立人大及其常委会机关的权威，加强人大对行政权的制约。如果人大缺乏对行政权的的监督，行政权一权独大的情形就必然会存在，滥权腐败就难以遏制。因此，在现有的制度体制下，完善和创新人大监督的制度和方法，是加强对重大行政决策监督的突破口。

4. 加强对重大行政决策的具体监督

具体到重大行政决策的监督应是全过程和全方位的。人大监督是异体监督，也是最有权威性的监督。人大监督应包括常规性监督和针对特定问题或社会反响较大问题的监督。监督既要发挥人大对重大行政决策权的强有力的监控功能，又要对政府重大行政决策权的行使不过多地干预，不直接参与到决策过程中。

一要加强预防性监督。在重大行政决策启动提出列入议事日程之前，便应提交人大进行审查。这应是一个常规性的监督，是政府的每一个重大行政决策列入议事日程前必须接受的监督，目的是防止行政机关越权决策，特别是越权行使人大的权力。对属于人大职权范围内的事项，如有必要由政府决策，必须有人大授权，这是在重大行政决策入口处的监督，解决人大与政府的权限在现实中的划分问题。人大及其常委会要积极创新监督方式，进一步健全和完善人大及其常委会决定重大事项规定，强化对政府决策的监督，寓监督于决策之中，促进政府提升决策质量①。在实际工作中，"行政部门已经习惯了自行决策，行政部门把很多十分重大的问题仅限于在行政部门内部决策，甚至宪法规定本来应当由人大及其常委会决策的事项，行政部门也代为决策"②。这种情形的杜绝只有通过人大预防

---

① 程楚枚：《依法履行人大监督职能，推动人民满意政府建设》，《人大研究》2015年第10期，第1页。

② 王仰文：《重大行政决策合法性审查问题研究》，《理论月刊》2012年第1期，第101页。

性监督来解决。从人大监督的角度需进一步细化规定，明确人大与行政机关权限分界，进而明确人大监督的具体范围和程序，以增强监督的针对性、规范性和实效性。

二是加强对重大行政决策的决定和执行过程的监督。不仅限于行政机关内部重大行政决策的合法性审查机制，还要有人大权力机关的监督。这一阶段的监督是针对决定和执行过程中所存在的问题和社会反响较大的问题，通过人大机关和人大代表的询问、质询和听取专项工作报告的监督活动，有针对性地进行监督，促使行政机关规范其决策和执行行为。在这个过程中要充分发挥人大代表的作用，人大机关通过人大代表实地视察、走访和调研，深入实际，听取社会各方面意见和群众呼声等方式了解情况。

三是加强对重大行政决策的责任监督。可以通过撤职案的审议和决定实现对负有主要责任的决策机关领导人等的责任追究予以监督；通过罢免人大代表的方式，对重大行政决策中违法重大失误，造成严重损失、不良社会影响的责任人的责任追究予以监督。这是人大监督中针对决策者个人的监督，通过这种监督方式运用常态化，增强人大的权威，防止重大行政决策过程中的个人独断和腐败。

在监督的方式上，不同阶段采用不同的方式。决策启动阶段主要采用审核批准的方式，由人大内部的专门机构进行权限审核，审查重大行政决策是否属于政府的权限范围。如果超越政府的权限范围行使人大的权力，必须有人大的授权政府方可决策。这一监督根本上解决的是重大行政决策的权限合法问题。在决策的决定阶段和执行阶段，重点采用专项报告和质询的方法。特别是运用质询的方法，依据重大行政决策科学、民主和合法的要求，就决策中的有关问题，要求决策机关、执行机关等作出具体的回应，作出合法和合理的解释，对存在的问题作出相对应的整改，自己纠正违法或不当。否则，就必须承担相应的责任。

（三）重大行政决策监察监督

1. 监察监督的内涵

监察委员会是行使国家监察职能的专门机关，依照法律规定独立行使监察权，不受行政机关、社会团体和个人的干涉。关于监察权的属性，学界有行政权说、司法权说、双重权说和监督权说等诸多观点①。有学者认为监察权是一种新型的权力类型，"既不能归属行政，也不能归属立法和司法，而是独立于立法权、行政权、司法权的第四种权力———监督权"②。监察权作为与行政权、审判权、检察权平行的监督权，使人大对国家监督权的监督，由过去的间接监督变成了直接监督，形成权力行使与权力来源的关系、被监督与监督的关系，集中体现了国家监督权的人民性③。也有学者认为，监察权是作为一种独立的国家权力存在的，是隶属于统一的国家最高权力下的一种独立于行政权、检察权和审判权的独立监察权④。监察权本质上是监督权，监督是监察委员会的首要职责，是监察委员会代表党和国家，依照《宪法》《监察法》和有关法律法规规定行使监察权，对所有公职人员行使公权力的行为进行监视、督察和管理。其目的是确保权力不被滥用、确保权力在阳光下运行，把权力关进制度的笼子。

2. 对重大行政决策的监察监督

对行政权行使的监督是监察监督的重要内容。重大行政决策权是行政权中的重要权力，决策权的行使受监察机关的监督。从监察委员会的职责来看，主要是对公务人员及其有关人员履行职务行为的监督。因此，监察机关的监督对象是"人"而不是"组织"⑤。重大行政决策监察监督主要是针对重大行政决策机关、决策承办机关或有关工作单位和决策执行机关的行政首长、负有责任的其他领导人员和直接责任人员行使权力行为的监督。通过对行使重大行政决策权个人行为的监督实现对重大行政决策的监督。

依据《监察法》的规定，监察监督的具体内容包括以下三个方面：①对公职人员开展廉政教育，对其依法履职、秉公用权、廉洁从政从业以

---

① 马怀德：《国家监察体制改革的重要意义和主要任务》，《国家行政学院学报》2016年第6期，第19页。童之伟：《将监察体制改革全程纳入法治轨道之方略》，《法学》2016年第12期，第9-11页。秦前红：《国家监察体制改革宪法设计中的若干问题思考》，《探索》2017年第6期，第32页。徐汉明：《国家监察权的属性探究》，《法学评论》2018年第1期，第9页。

② 吴建雄：《论国家监察体制改革的价值基础与制度构建》，《中共中央党校学报》2017年第2期，第54-55页。

③ 吴建雄：《论国家监察体制改革的价值基础与制度构建》，《中共中央党校学报》2017年第2期，第55页。

④ 王希鹏：《国家监察权的属性》，《求索》2018年第4期，第132-133页。

⑤ 王希鹏：《国家监察权的属性》，《求索》2018年第4期，第133页。

及道德操守情况进行监督检查；②对涉嫌贪污贿赂、滥用职权、玩忽职守、权力寻租、利益输送、徇私舞弊以及浪费国家资财等职务违法和职务犯罪进行调查；③对违法的公职人员依法作出政务处分决定；对履行职责不力、失职失责的领导人员进行问责；对涉嫌职务犯罪的，将调查结果移送人民检察院依法审查、提起公诉；向监察对象所在单位提出监察建议①。监察权作为一种新型的国家权力，对行使公权力的公职人员监督全面覆盖。监察监督构建起了一个集中统一、全覆盖的权威高效的监察监督体系，从对公职人员从政从业的道德操守情况进行监督、到对违法的公职人员依法作出行政处分的监督和对领导人员履职失范行为问责监督，直至对涉嫌职务违法和职务犯罪的行为进行调查并将调查结果移送人民检察院的监督。此外，向监察对象所在单位提出检察建议是从对个人行为监督的角度对行政机关的监督。从履行反腐败职责的角度，构建起公职人员不敢腐、不能腐、不想腐的强大监督机制。

（四）重大行政决策司法监督

1. 司法监督的内涵

我国是实行"议行合一"的国家，监督宪法实施的权力统一由国家最高权力机关及其常设机构行使，司法机关和行政机关的地位一样，在其职责范围内保障宪法实施。我国司法对行政的监督正是在这一框架下展开的。我国司法监督与人大监督、行政机关内部监督不同，是指国家司法机关依据宪法和有关法律的规定对国家行政权行使的监督。在我国国家权力体系中，司法机关是指人民法院和人民检察院。因此，我国司法监督的主体是人民法院和人民检察院，主要是指人民法院在审理一般行政案件和行政公益诉讼案件中对行政行为合法性与合理性的审查；人民检察院对行政执法行为的检察监督、提出检察建议以及提起行政公益诉讼等。

司法监督的实质是司法权对行政权的监督，主要是对行政权行使的合法性的审查，具有被动性和滞后性特点。司法审查的被动性，是指法院对那些受到政府机构特定的行政行为损害的公民权利进行救济的法律程序，是以保护公民权利为目的而对行政权进行的监督，基于原告提起诉讼而启动因而具有被动性；司法权对行政权的监督是事后的监督因而具有滞后

---

① 《中华人民共和国监察法》第十一条。

性。在我国的司法体制下，在普通法院内设立行政庭，通过行政诉讼程序审理具体的行政案件，对行政权行使是否合法进行监督，从而实现对相对人权利的保护。司法机关对行政权具有专门的权力制约职能，裁决具有法律权威性。在近年来的司法改革进程中，检察监督日益受到重视。所谓检察监督是检察机关以国家的名义，为维护国家法律的统一实施，保护国家、社会和公民的合法权益，依法行使检察监督权，对行政机关及其公务人员行使权力的行为遵守法律和执行法律的情况进行察看、督促。其中，对行政执法行为的监督加强，包括检察机关对行政相对人提出的控告进行调查和纠正违法，对限制和剥夺人身自由的具体行政行为进行审查并备案，提起行政公益诉讼等。2017年修改的《行政诉讼法》规定："人民检察院在履行职责中发现生态环境和资源保护、食品药品安全、国有财产保护、国有土地使用权出让等领域负有监督管理职责的行政机关违法行使职权或者不作为，致使国家利益或者社会公共利益受到侵害的，应当向行政机关提出检察建议，督促其依法履行职责。行政机关不依法履行职责的，人民检察院依法向人民法院提起诉讼。"[①]

2. 司法对重大行政决策的监督

目前，我国司法审查的对象，主要是行政机关的具体行政行为。如果将一个重大行政决策行为分解开来梳理，从决策过程看可能包含了多个具体行政行为；从结果看，最终的决定更具有抽象行政行为的特点。

2015年修改后的《行政诉讼法》第二条规定："公民、法人或者其他组织认为行政机关和行政机关工作人员的行政行为侵犯其合法权益，有权依照本法向人民法院提起诉讼。"将原来的具体行政行为修改为"行政行为"，但从第十二条行政诉讼受案范围的规定看，并未规定可以对抽象行政行为直接提起诉讼。《行政诉讼法》第五十三条规定："公民、法人或者其他组织认为行政行为所依据的国务院部门和地方人民政府及其部门制定的规范性文件不合法，在对行政行为提起诉讼时，可以一并请求对该规范性文件进行审查。"即并不是所有抽象行政行为都接受司法审查，只对行政法规、规章以外的其他规范性文件进行司法审查，而且抽象行政行为（规范性文件）只能就行政行为提起诉讼之后，作为被诉行政行为的依据进行附带性审查。据此，还基于"不告不理"的原则，我国司法审查对重

---

① 《中华人民共和国行政诉讼法》第二十五条。

大行政决策的监督是有限的。这种有限表现为：在决策过程中可能涉及特定的具体行政行为，如决策听证，如果相对人不服而提起诉讼，并非直接针对行政决策本身，不会引起对行政决策的司法审查；如果要将呈现为规范性文件重大行政决策作为司法审查的对象，直接提起诉讼是没有法律依据的，必须是作为一个具体行政行为的依据。这在很大程度上限制了司法对重大行政决策的监督。从保护相对人权利的理论角度而言，一项行政决策对相对人的权益有不利影响，产生了侵害，那么相对人就有权提起行政诉讼。如果是一项重大行政决策，会涉及社会大多数人的利益，出于对社会公众利益的保护，那么司法的介入应不可或缺。如果没有司法对行政权的制约，单靠行政权的自律是不可想象的，行政权的滥用和腐败是必然的。

从保护相对人权益对重大行政决策进行监督的角度来看，可以考虑完善司法监督的思路如下：一是明确重大行政决策可以作为司法审查的对象。《行政诉讼法》第五十三条的规定给重大行政决策接受司法审查留下了空间，但还需要进一步明确。二是完善和发展行政公益诉讼制度。重大行政决策涉及不特定多数人的利益，普通的行政诉讼不能很好地解决这一问题，而行政公益诉讼可较好地弥补普通行政诉讼的不足。但在这一制度尝试的初期，可以严格原告资格条件，防止行政公益诉权的滥用。行政公益诉讼制度的建立将有利于扩大原告资格的范围，拓展行政诉讼的受案范围，加强司法对行政决策权的监督。2017年新修改的《行政诉讼法》第二十五条增加一款，从立法上确立了我国人民检察院提起行政公益诉讼的制度，这一制度的理论基础是国家权力的分工制约，制度基础是检察机关为我国的法律监督机关。在传统行政法向新行政法转型的过程中，以司法对行政监督为核心的行政法体系向前延伸到了行政决策制定和实施过程。司法监督的内容也应相应扩展到从对单个行政行为的监督到行政决策制定和实施的监督。行政公益诉讼制度的确立，为以公共利益的维护为突破口，对行政决策进行合法性、合理性审查为目的的过程性监督提供了契机。但从对重大行政决策监督的角度看，对行政诉讼制度改革的探索将是一个长期的过程。

（五）重大行政决策社会监督

关于社会监督学界讨论颇多，有不同的观点。但社会监督不是一个特定独立主体的监督，而是多种社会力量对行政权行使监督的总称是一个基本共识。社会监督主体众多，有公众参与监督、人民政协监督、社会团体监督、公民个体监督以及舆论监督等。在此将由以上主体参与的监督统称为社会监督，区别于政党监督和国家公权力监督，是一种社会性权力的监督，是来源于根源性权力的根本性监督。

1. 公众参与监督

公众参与重大行政决策是促进政府由管理向治理转变，是民主政治的一种具体表现。公众参与是指公众通过提供信息、表达意见、提出建议、发表评论等表达利益诉求的形式，参与并影响公共政策，是社会公治共治的一种具体活动方式。重大行政决策过程中的公众参与，不仅具有"形式合法性"的意义，更具有"实质合法性"的意义。行政决策过程是一个不同利益博弈的政治过程，需要一个民主化形式，要经过利益相关人的参与讨论与协商。社会公众作为重大行政决策的利益相关人，参与重大行政决策，充分表达意见与主张，可以有效弥补行政领导和决策专家认识理性的有限性，实现重大行政决策的科学与合理；公众参与重大行政决策，既能够使决策过程受到公众的监督，从而促进行政机关依法决策，同时又获得了民主意义上的合法化。通过公众参与这一方式，"公众意志在行政决策的结果中得到反映，增强对行政决策的认同感，由此产生的决定更容易得到公众的认可与接受，减少了决策执行的阻力，从而使行政决策能够得到有效的实施"[①]。我国关于社会公众参与的制度广泛存在，在重大行政决策领域的实践也有十多年的时间。公众参与既是公众权利意识的增强和民主、利益需求的表达，也是新形势下政府行政合法性与合理性的内在需要。政府在推进公众参与方面做了诸多的努力，利用各种座谈会、听证会、网民调查、网上交流等方式，征求公众意见。公众参与已经成为我国公共生活民主化的一个符号，是我国行政法中的一项重要制度。

在政府重大行政决策法治化过程中，公众参与成为各地方政府规章和其他规范性文件内容的一个重要方面。但从实践上来看，立法却存在着诸多问题：首先，行政决策中公众参与的主体不明确。虽然规定了利益相关人的参与，但是利益相关人的范围有多大，决定权掌握在行政机关手里。例如，在听证中所选定的听证代表不具有代表性，这种现象非常普遍，究其原因主要是代表产生机制不健全，就目前相关重大行政决策听证的规定

---

① 邓佑文：《公众参与行政决策：必然、实然与应然》，《理论探讨》2011年第2期，第158页。

来看均未作出具体规定。还有就是实践中将专家作为公众代表,在选拔机制不健全的情况下,可能导致专家专制。其次,现有重大行政决策程序规定中,公众参与的启动建议权缺失或者规定不具体,使公众的监督基本处于被动的地位,导致实际运作过程中公众参与监督的主动性差,效果也不明显。再次,现有立法规定对公众参与环节规定的不具体,也导致重大行政决策程序中公众参与的形式主义严重,操作的层面随意性强。在重大行政决策公共利益的考量中对不特定多数人利益的考量不够,例如公众反映最多的价格听证,被戴上了"价格听证,逢听必涨"的帽子。最后,公众参与的意见反馈机制没有完全建立起来。无论采取何种形式,既然是参与,提出了参与的意见和建议,决策者就应当及时作出一定形式的反馈,以保障公众参与的积极性和实效性。

为此需要完善社会公众参与监督制度:①在完善参与主体规定方面。可以从两个维度标准来判断利益相关人,一是客观上看与利益相关的程度;二是主观上看对相关利益的关注程度,来确定行政决策中公众参与的主体。具体可由利益相关人酝酿提出代表名单。由于利益相关人人数众多,可以考虑建立一个利益集团代表机制。所谓利益集团是指在参与行政决策过程中具有共同利益,为争取共同利益而组织起来的,采取共同行为以影响决策的团体①。特定利益相关人还可以登记为一个社会团体,这一团体就成为特定利益相关人的代言人,这样可以减少社会公众散兵游勇无法形成合力的状况。还有学者提出,为避免公众参与的零散化和碎片化,应在立法中鼓励建立相对固定化并与决策过程相一致的第三方专门公众组织,其功能是收集、整理、反映公众意见和监督决策实施,公众组织的成立与存续伴随决策过程与决策实施,主要承担具体决策事项的资讯及监督功能:一方面以参与的形式提供各种咨询意见;另一方面则对决策的制定、执行加以监督,为公共利益把关②。还有一种情形就是,利益相关人可以选择已有的一定团体,如环保团体作为自己的代言。此外,就是专家可以作为公众参与的代言人,作为社会公众的代表参与重大行政决策,由公众自己选定、委托专家,区别于政府聘请或选定的专家。②赋予行政决

---

① 姬亚平:《行政决策程序中的公众参与研究》,《浙江学刊》2012年第3期,第169页。
② 朱海波:《论中国行政决策程序中公众参与的理论脉络、宪法基础及立法原则》,《甘肃行政学院学报》2013年第2期,第123页。

策中的社会公众动议启动建议权和评议权,并建立相应的机制。启动建议权特别针对直接利益相关人设置,一是重大行政决策直接涉及实际利益的利益相关人;二是直接利益相关人更有一些自己的感受和实际的需求,对现实状况有自己的分析、判断和基本的诉求。公众参与是一个全过程参与,要规定公众在参与各个环节的基本形式,其核心是可以对决策涉及的事项进行评议,以适当的形式发表意见和建议,避免公众参与的形式主义。③建立公众参与的意见反馈机制。公众参与具有不完全性,监督也就具有不完全性,是一种介入式监督。决策执行机关,应设有专人负责处理公众意见,归纳整理,给出统一的或者是一对一的反馈。对直接利害关系人或组织直接作出回复;对专业性较强的意见,可通过新闻发布会的方式集中回复。对除此之外回复的意见,可通过报纸等新闻媒体,或者是政府互联网信息平台,分门别类予以回复①。在此基础上对公众意见的采纳情况作出说明,从而保障公众参与的真实、有效。

为保障公众参与监督的落实。首先要充分公开重大行政决策过程中的信息,获得充分的信息是公众参与监督的前提。在当今社会信息技术发达的情况下,可由政府建立重大行政决策信息共享平台,将行政决策信息分门别类地予以发布。其次要注重听证决策制度的建设,目前听证制度是公众参与监督中最具有制度形态的一种形式,要不断完善这一制度,充分发挥这一制度的监督功能。

2. 人民政协监督

中国人民政治协商会议简称人民政协,人民政协是我国的统一战线组织,是中国共产党领导的多党合作和政治协商的重要机构,是中国政治生活中发扬社会主义民主的一种重要形式。"人民政协民主监督,源自中国共产党与各民主党派、无党派人士团结合作、互相监督的理论和实践,其可行性之深刻根据在于中国特色社会主义事业领导核心的中国共产党的宗旨和品格。"② 2006年2月《中共中央关于加强人民政协工作的意见》,首次提出"人民政协的民主监督是我国社会主义监督体系的重要组成部分,是在坚持四项基本原则的基础上通过提出意见、批评、建议的方式进行的政治监督"。学界对人民政协民主监督的研究非常丰富,"对其定性的看法

---

① 姬亚平:《行政决策程序中的公众参与研究》,《浙江学刊》2012年第3期,第171页。
② 吕忠梅:《人民政协民主监督理论初探》,《人民政协理论研究》2017年第4期,第42页。

较为多样，主要有非权力性、政治性、协商性、民主性、群众性等观点"①。人民政协的性质决定了其监督为非权力性的。作为我国社会主义监督体系的重要组成部分，政协民主监督是人民行使监督权力的重要形式，但它不是以权力制约和监督权力，而是以权利制约和监督权力。人民政协依章程进行民主监督，虽然没有法律约束力和强制性，但具有对权力运行的制约和监督作用②。

政协监督的内容具体包括八项：国家宪法法律和法规实施情况；党和国家大政方针、重大改革举措、重要决策部署贯彻执行情况；国民经济和社会发展规划、年度计划落实情况，财政预算执行情况；涉及人民群众切身利益的实际问题解决落实情况；国家机关及其工作人员遵纪守法、加强作风建设、密切联系群众、开展反腐倡廉等情况；政协提案、建议案和其他重要意见建议办理情况；参加政协的单位和个人贯彻统一战线方针政策、遵守政协章程、执行政协决议情况；党委交办的其他监督事项③。监督的内容十分丰富，但从监督对象的角度分析，对政府的监督是重要方面，其中就涉及政府重大行政决策内容。政协监督作为具有广泛代表性的非权力性监督，虽然没有法律约束力的刚性，但正如习近平总书记在庆祝人民政协成立65周年大会上的讲话强调的，政协监督"可以广泛形成发现和改正失误和错误的机制"，在为政府重大行政决策建言献策的同时，已形成了事实上的刚性监督。

在人民政协中活动的除中国共产党外，主要有各民主党派和人民团体以及无党派民主人士等。这些组织和个人通过统一战线这一政治协商的组织机构，给政府的行政管理，其中包括重大行政决策行为，出谋划策，同时也予以监督，主要以视察、考察、调查研究、提出意见建议等方式或者直接参与的方式监督重大行政决策依法、科学、民主实施。民主党派是政协中的重要组成部分，其监督也即参政党的监督也属于政协监督的一部分。民主党派与政协中的其他力量联合共同监督。政协中还有工会、共青团、妇联等八大人民团体，代表性较为广泛，对重大行政决策的监督也发挥了积极作用，不同团体的监督功能作用领域各有侧重。新时期要充分发

---

① 刘学军、胡秀文：《人民政协民主监督研究述评》，《人民政协理论研究》2018年第2期，第40页。
② 吕忠梅：《人民政协民主监督理论初探》，《人民政协理论研究》2017年第4期，第42—43页。
③ 《中共中央关于加强人民政协工作的意见》（2006年）。

挥人民政协的协商民主作用，习近平在庆祝人民政协成立65周年大会的讲话中指出："协商就要真协商，真协商就是要协商于决策之前和决策之中。"在政府各领域重大行政决策中政协要更多更好地发挥监督作用，决策机关要重视听取和吸收政协来源于深度调查研究基础上具有权威性、科学性的意见和建议。

3. 其他社会团体监督

一般而言，社会团体是指为了一定目的由一定人员组成的社会组织，可分为以营利为目的和以非营利为目的两类。我国《社会团体登记管理条例》第二条所称的社会团体，是指中国公民自愿组成，为实现会员共同意愿，按照其章程开展活动的非营利性社会组织。我国的社会团体是社会组织的一种，是当代国家政治生活的一个组成部分。

我国除在政治协商会议活动的八大人民团体外，还有其他社会团体的监督，主要包括三类：第一类为准政府社团监督。这类社团借助政府的支持建立起来，它们在各自的事业领域里发挥着动员社会力量，辅助政府工作的职能，对于所在领域的相关问题，可以向政府反映问题，参与讨论，发表意见和建议。从监督的角度看，由于其地位的独立性不够，是一个弱监督主体。第二类是登记注册的社会组织监督。其中，行业性、专业性社团和学术性社团占了多数。这类社会团体有较强的独立性和监督意识，可以在重大行政决策中发挥积极的建设性作用，改善重大行政决策质量，监督决策依法依规、科学民主地作出，是社会团体中的重要监督力量。最后一类为草根社团监督。草根团体，如志愿者社团、环保社团在我国社会生活中的影响越来越大，如在环境保护中发挥重要的社会监督作用。社会团体在今后必将进一步发挥更加积极的作用，例如我已经建立的环境公益诉讼制度，规定符合条件的社会环保团体可以提起环境公益诉讼。对这一类社会团体，国家应当通过立法给予其更高的法律地位，在法律制度框架内更好地发挥其监督功能。

4. 公民直接监督

监督权是指宪法赋予公民监督国家机关及其工作人员活动的权利。公民监督是国家权力监督体系中的一支最具活力的监督力量。公民监督包括公民直接行使的监督和公民通过自己选举的国家代表机关代表行使的监督。在立宪民主国家，公民与国家之间的关系是最基本的宪法关系，权利与权力关系是宪法关系的基本内核。权利制约权力是人民的主权者地位决定的。而人民的主权者地位又常常以公民权利在社会中的地位表现出来。只有切实保护和实现公民的各项权利，人民主权的实现才具备基本条件①。因此，对于重大行政决策公民具有直接的监督权，是公民所享有的宪法和法律权利。

《宪法》规定的公民的罢免权、申诉权、控告检举权、批评建议权等是公民享有监督权的依据。我国的社会主义性质决定了公民权力的运行，包括重大行政决策权的运行，必须最大限度地保障与维护公民的合法权益。切实保障公民对重大行政决策的直接监督权具有重要的现实意义。通过重大行政决策信息的公开，充分保障公民的知情权，为公民直接行使监督权提供条件；公民可以通过座谈会、听证会和参与民意调查，以及通过书面和口头的形式，向决策机关、决策承办机关或单位、决策执行机关和单位，提出批评和建议等方式行使对重大行政决策权的直接监督；也可以通过向有关机关行使检举和控告权对重大行政决策权进行直接监督。

5. 舆论监督

"社会舆论监督具有涉及面广、影响大、震动力大、透明度好、反应迅速、易取得轰动效应的特点，最能体现社会监督的广泛性、公开性、民主性、效率性要求。"② 2010年《国务院关于加强法治政府建设的意见》提出，要"高度重视舆论监督，支持新闻媒体对违法或者不当的行政行为进行曝光。对群众举报投诉、新闻媒体反映的问题，有关行政机关要认真调查核实，及时依法作出处理，并将处理结果向社会公布"。舆论监督是指报纸、刊物、广播、电视等大众传媒对各种违法违纪行为、违法犯罪、渎职腐败行为所进行的揭露、报道、评论或抨击。它是现代反腐败斗争的重要手段，其特有的公开曝光的形式产生的作用和效果与其他的几种社会监督相比，传播速度快、传播范围广，具有很强的震慑力。为了切实保障社会舆论监督的独立性和科学性，国务院出台了《互联网管理条例》《新闻出版管理条例》等行政法规，国家新闻出版总署出台了《新闻宣传管理办法》等行政规章。舆论监督是人民群众行使社会主义民主权利的有效形式，在对重大行政决策监督方面发挥着积极作用，对决策的启动、制定和实施中的问题，及时发声引起社会广泛关注，形成监督的舆论压力以促进

---

① 周叶中：《宪法》，高等教育出版社、北京大学出版社2005年版，第148-150页。
② 张文显：《法理学》，北京大学出版社、高等教育出版社1999年版，第322页。

问题的解决。

目前我国《新闻法》尚未出台，对媒体及记者的权利保护不足，要尽快立法保障舆论监督的权利。一是保障实现新闻媒体、新闻职业记者的基本权利——采访权；二是新闻记者享有新闻报道权；三是新闻记者享有人身权利不受侵害的权利。但同时也要加强对舆论监督者的监督制约，改善舆论，防止舆论权利滥用。通过立法将舆论监督的行为纳入法制轨道，加强舆论媒体组织的职业规范建设，加强舆论媒体从业人员的自我约束。这样能够提高舆论监督的地位，改善舆论监督功能，督促政府重大行政决策时依照法定程序谨慎论证、民主科学决策，最大限度实现人民福祉。

重大行政决策社会监督当中的公众参与监督、公民直接监督和舆论监督具有自发性和内省性，以社会监督推动国家权力监督。促进国家权力监督和社会监督良性互动，促使国家和社会的监督达到一个新的水平，最终维护社会公共利益和公共秩序。

第七章
结　语

　　对行政权的有效控制和监督是现代国家治理中的应有之义。但由于我国公民社会发展相对滞后，行政权历史与现实的强大，监督主体和监督客体的关系在事实上的不平衡使监督的实效性差，监督的目的难以达到。从宏观整体上思考和构建对行政权的监督制度体系，遏制行政权的滥用，防止行政权的腐败，是现实中面临的重大的理论与实践课题。

　　我国的行政权无论是从传统和现代来看都处于强势地位。面对行政权的强大和监督力量的相对弱小，如何打破这种不平衡关系？正如有学者所说，"行政监督的结构性困境"所导致的"行政权力监督主客体关系的逆转"，导致了监督的"角色错位与失衡"[①]。从整体上讲，需要在宏观层面对权力重新配置，构建起相对平衡的国家权力体系，改变行政权一权独大的情形。首先，要加强执政党的监督，通过立法和政策构建起党与行政的监督与被监督关系，正如《重大行政决策程序暂行条例》所规定的，"重大行政决策必须坚持和加强党的全面领导，全面贯彻党的路线方针政策和决策部署，发挥党的领导核心作用，把党的领导贯彻到重大行政决策全过程。"这种监督不仅是宏观性的，而且还应当是具体的，要形成具体的制度对行政权予以控制，这种控制是强有力的。其次，是人大回归权力的本位，在权力配置中重塑人大的权威，加强人大的监督，将属于人大的权力回归给人大，让人大真正地实际控制人权和财权，在权力体系中真正地唱监督的主角；同时将人大的核心权力之一监督权延伸至新型的国家监察机关，由监察机关代表人大具体行使一部分监督权，对行政权的监督成为其重中之重。再次，是通过司法体制改革重塑司法权力体系，加强司法的独

[①] 李辉、蔡林慧：《权力监督机制的结构功能困境及其破解》，《政治学》2013年第1期，第28—29页。

立性，摆脱行政权在事实上的控制，通过司法制度的创新增强对行政权的监督力度。最后，对行政机关而言，需要的是瘦身，将人大所有的权力归还给人大，真正成为人大的执行机关；就行政机关的内部监督而言，要理顺内部权力关系，充分发挥层级监督的作用，还要增强内部监督的独立性，特别重视审计监督地位的提高和力量的培育。在重塑国家权力体系的同时，要加速培育公民社会，使其成为真正独立的社会力量，增强对行政权力的外部监督。公民社会的力量才是能够对行政权进行监督的根本力量。公民的监督权来源于公民的基本权利，而公民的基本权利本质是作用于国家的。法治国家是法治社会的必然产物，我国公民社会的成长将是一个长期的过程，同样也需要外在力量的推动和培育。

如果说对行政权的监督首先应当从整体上做出宏观安排，但对行政权监督法治化的渐进式推进，又必须从客观的现实状况出发，从微观着手做出具体制度的安排，在逐步推进解决一个个现实问题的过程中，经过一个量变的过程，最终实现对权力体系的结构性改变。这种改变正在发生。在建设社会主义法治国家、法治政府背景下，重大行政决策从法治的后台走向了前台，重大行政决策法治化提上了日程。行政决策是行政权应用的基本方式，其在行政管理活动中广泛的应用，对社会公众及社会公共利益产生重要的影响。选择重大行政决策监督角度探究对行政权的控制和监督，形成的认识也具有一般性意义。基于重大行政决策的"重大"性和复杂性，加强对决策的事前、事中、事后的全过程监督非常必要。在全过程监督过程中，参与主体众多，监督形式多样，相互交织、错综复杂。以行政决策法治化历史发展的路径为线索，多角度研究这一问题是基本思路，在分类视角下将各种类型的监督纳入一个体系中考察，分析它们之间的关系，在关系中对各种类型的监督形成基本认识是基本的路径选择。回顾近20年的重大行政决策法治化发展之路，值得欣喜的是：尽管有艰难曲折却也在不可避免的不断试错的过程中逐步前行，政府的全方位推进是主导力量，来自于经济和社会发展的内生力量正慢慢地生长起来。对重大行政决策权的监督日益加强，制约权力的制度笼子已见雏形，但还有待扎紧、扎牢。

参考文献

See William F. Fox, Understanding Administrative Law (fifth edition), New York: Matthew Bender & Co., 2011.

蔡林慧：《试论中国行政监督机制的困境与对策》，《政治学研究》2012年第5期。

蔡林慧：《我国行政权力监督体系的完善和发展研究》，上海三联书店2014年版。

常武：《重大决策终身追责如何成为"活"的制度》，《北京青年报》2014年10月25日，http://politics.people.com.cn/n/2014/1025/c70731-25905721.html，2019年7月7日访问。

成协中：《风险社会中的决策科学与民主》，《法学论坛》2013年第1期。

程楚枚：《依法履行人大监督职能，推动人民满意政府建设》，《人大研究》2015年第10期。

崔卓兰、刘福元：《论行政自制之功能——公权规范的内部运作》，《长白学刊》2011年第1期。

崔卓兰、刘福元：《行政自制的可能性分析》，《法律科学》2009年第6期。

崔卓兰、刘福元：《行政自制——探索行政法理论视野之拓展》，《法制与社会发展》2008年第3期。

戴建华：《作为过程的行政决策——在一种新研究范式下的考察》，《政法论坛》2012年第1期。

［德］卡尔·拉伦茨：《法学方法论》，陈爱娥译，商务印书馆2005年版。

邓佑文：《公众参与行政决策：必然、实然与应然》，《理论探讨》2011年第2期。

［法］孟德斯鸠.《论法的精神（上）》，张雁深译，商务印书馆 1959 年版。

付子堂：《党内法规与国家法律的关系》，http：//theory. people. com. cn/n/2015/1104/c352498-27776765. html，2019 年 7 月 11 日访问。

公丕祥：《新时代中国法治现代化的战略安排》，《中国法学》2018 年第 3 期。

［古希腊］亚里士多德：《政治学》，吴寿彭译，商务出版社 1965 年版。

关保英：《行政权的自我控制》，《华东师范大学学报》（哲学社会科学版）2003 年第 1 期。

桂 萍：《公众参与重大行政决策的类型化分析》，《时代法学》2017 年第 1 期。

郭蕾：《论我国行政决策权制约机制的构建》，《法治研究》2010 年第 1 期。

郭学德：《试论中国的"政府推进型"法治道路》，《中共中央党校学报》2001 年第 5 期。

韩春晖：《行政决策的多元困局及其立法应对》，《政法论坛》2016 年第 3 期。

韩春晖：《行政决策终身责任追究制的法律难题及其解决》，《中国法学》2015 年第 6 期。

何勤华主编：《英国法律发达史》，法律出版社 1999 年版。

胡斌：《行政决策公众参与的名与实》，《行政法学研究》2017 年第 1 期。

黄学贤、桂萍：《重大行政决策之范围界定》，《山东科技大学学报》（社会科学版）2013 年第 5 期。

姬亚平：《行政决策程序中的公众参与研究》，《浙江学刊》2012 年第 3 期。

江必新：《行政程序正当性的司法审查》，《中国社会科学》2012 年第 7 期。

江国华、梅扬：《论重大行政决策专家论证制度》，《当代法学》2017 年第 5 期。

江国华、梅扬：《行政决策法学论纲》，《法学论坛》2018 年第 2 期。

江国华：《中国行政法（总论）》，武汉大学出版社 2012 年版。

江国华：《中国行政法（总论）》，武汉大学出版社 2017 年版。

江利红：《以行政过程为中心重构行政法学理论体系》，《法学》2012 年第 3 期。

姜明安：《论法治中国的全方位建设》，《行政法学研究》2013 年第 4 期。

姜明安：《行政法与行政诉讼法》，北京大学出版社、高等教育出版社 2011 年版。

蒋立山：《中国法治道路初探（上）》，《中外法学》1998 年第 3 期。

金国坤：《党政机构统筹改革与行政法理论的发展》，《行政法学研究》2018 年第 5 期。

李辉、蔡林慧：《权力监督机制的结构功能困境及其破解》，《政治学研究》2013 年第 1 期。

李迎春：《行政法视角下的行政决策》，《行政法学研究》2007 年第 4 期。

梁玥：《地方政府重大行政决策后评估制度研究》，《苏州大学学报》2013 年第 5 期。

廖原：《法治视野下行政内部监督研究》，中国政法大学出版社 2015 年版。

林春亮：《健全行政决策权监督制约机制——从行政内部监控视角》，《党政干部学刊》2010 年第 5 期。

刘平：《上海市重大行政决策程序研究报告》，《政府法治研究》2009 年第 3 期。

刘莘：《法治政府与行政决策、行政立法》，北京大学出版社 2006 年版。

刘学军、胡秀文：《人民政协民主监督研究述评》，《人民政协理论研究》2018 年 2 期。

卢剑峰：《行政决策法治化研究》，光明日报出版社 2011 年版。

卢剑华：《我国重大行政决策制度存在的问题及其完善》，《时代法学》2016 年第 4 期。

鲁鹏宇：《法治主义与行政自制———以立法、行政、司法的功能分担为视角》，《当代法学》2014 年第 1 期。

吕忠梅：《人民政协民主监督理论初探》，《人民政协理论研究》2017年第4期。

马长山：《法治的平衡取向与渐进主义法治道路》，《法学研究》2008年第4期。

马怀德：《国家监察体制改革的重要意义和主要任务》，《国家行政学院学报》2016年第6期。

马怀德：《完善权力监督制约关键在于决策法治化》，《中国党政干部论坛》2015年第3期。

毛宏升：《当代中国监督学》，中国人民公安大学出版社2003年版。

茅铭晨：《"行政决策"概念的证立及行为的刻画》，《政治与法律》2017年第6期。

[美] E. 博登海默：《法理学——法哲学及其方法》，邓正来、姬敬武译，华夏出版社1987年版。

[美] 伯尔曼：《法律与革命——西方法律传统的形成》，贺卫方等译，中国大百科全书出版社1993年版。

[美] 戴维·H. 罗森布鲁姆、罗伯特·S. 克拉夫丘克：《公共行政学：管理、政治和法律的途径》，张成福等译，中国人民大学出版社2002年版。

[美] 费斯勒、凯特尔：《行政过程的政治——公共行政学新论》，陈振明、朱芳芳等译，中国人民大学出版社2002年版。

[美] 约翰·W. 金登：《议程、备选方案与公共政策》，丁煌、方兴译，中国人民大学出版社2004年版。

秦前红：《国家监察体制改革宪法设计中的若干问题思考》，《探索》2017年第6期。

任进：《法治政府建设的实践发展和理论创新》，《行政管理改革》2017年第10期。

石佑启：《论法治视野下行政权力的合理配置》，《学术研究》2010年第7期。

宋艳慧、周兰领：《重大行政决策合法性审查的主体模式及其选择》，《领导科学》2011年第27期。

宋智敏：《从"法律咨询者"到"法治守护者"——改革语境下政府法律顾问角色的转换》，《政治与法律》2016年第1期。

宋智敏：《重大行政决策合法性审查机制的完善》，《江西社会科学》2016 年第 5 期。

苏力：《20 世纪中国的现代化和法治》，《法学研究》1998 年第 1 期。

童之伟：《将监察体制改革全程纳入法治轨道之方略》，《法学》2016 年第 12 期。

王贵秀：《政治体制改革和民主法制建设》，金盾出版社 2002 年版。

王宏、王沪宁：《关于政治学的研究对象和体系问题》，《政治与法律》1984 年第 1 期。

王惠岩：《论政治学的研究对象》，《政治与法律》1984 年第 1 期。

王奎：《试论权力机关对行政机关的监督》，《成都行政学院学报》2007 年第 1 期。

王名扬：《美国行政法》，中国法制出版社 1995 年版。

王万华：《健全科学、民主、依法决策机制 大力推进法治政府建设》，中华人民共和国司法部中国政府法制信息网，http://www.moj.gov.cn/news/content/2019-05/16/zcjd_235020.html，2019 年 5 月 21 日访问。

王万华、宋烁：《地方重大行政决策程序立法之规范分析——兼论中央立法与地方立法的关系》，《行政法学研究》2016 年第 5 期。

王希鹏：《国家监察权的属性》，《求索》2018 年第 4 期。

王锡锌：《公众参与和行政过程——一个理念和制度分析的框架》，中国民主法制出版社 2007 年版。

王锡锌：《行政过程中公众参与的制度实践》，中国法制出版社 2008 年版。

王仰文：《中国行政决策责任追究的制度困局分析》，《天津行政学院学报》2014 年第 6 期。

王仰文：《重大行政决策合法性审查问题研究》，《理论月刊》2012 年第 1 期。

王周户：《公众参与的理论与实践》，法律出版社 2011 年版。

吴建雄：《论国家监察体制改革的价值基础与制度构建》，《中共中央党校学报》2017 年第 2 期。

习近平：《依纪依法严惩腐败，着力解决群众反映强烈的突出问题》，《十八大以来重要文献选编（上）》，中央文献出版社 2014 年版。

夏金莱：《重大行政决策终身责任追究制度研究——基于行政法学的

视角》，《法学评论》2015 年第 4 期。

夏书章：《行政管理学》，中山大学出版社 2003 年版。

肖北庚、王伟、邓慧强：《行政决策法治化研究》，法律出版社 2015 年版。

行政法与行政诉讼法编写组：《行政法与行政诉讼法学》，高等教育出版社 2018 年版。

熊章林：《重大行政决策概念证伪及其补正》，《中国法学》2015 年第 3 期。

徐博嘉：《论重大行政决策合法性审查二元标准的确立》，《理论与现代化》2015 年第 6 期。

徐汉明：《国家监察权的属性探究》，《法学评论》2018 年第 1 期。

杨海坤、李兵：《建立健全科学民主行政决策法律机制》，《政治与法律》2006 年第 3 期。

杨海坤：《我国法治政府建设的历程、反思与展望》，《法治研究》2015 年第 6 期。

杨海坤、章志远：《中国特色政府法治论研究》，法律出版社 2008 年版。

杨海坤、章志远：《中国行政法基本理论研究》，北京大学出版社 2004 年版。

杨海坤：《中国行政法基本理论》，南京大学出版社 1992 年版。

杨建顺、刘连泰：《试论程序法与实体法的辩证关系——评"法即程序"之谬》，《行政法学研究》1998 年第 1 期。

杨寅、狄馨萍：《我国重大行政决策程序立法实践分析》，《法学杂志》2011 年第 7 期。

杨寅：《行政决策程序、监督与责任制度》，中国法制出版社 2011 年版。

叶必丰：《行政决策的法律表达》，《法商研究》2016 年第 2 期。

尹奎杰、王箭：《重大行政决策行为的性质与认定》，《当代法学》2016 年第 1 期。

应松年：《行政程序立法研究》，中国法制出版社 2001 年版。

应松年：《行政法与行政诉讼法》，中国政法大学出版社 2011 年版。

尤光付：《中国监督制度比较》，商务印书馆 2003 年版。

于君博、童辉：《走向程序正义——对我国重大行政决策程序规定的文本分析》，《长白学刊》2017年第3期。

曾哲：《我国重大行政决策权划分边界研究》，《南京社会科学》2012年第2期。

翟志勇：《监察委员会与"八二宪法"体制的重塑》，《环球法律评论》2017年第2期。

张倩：《重大行政决策法治化路径探究》，《湖北社会科学》2016年第1期。

张荣臣：《中国共产党的领导是中国特色社会主义最本质的特征》，《党建》2018年第6期。

张尚鷟：《行政监督概论》，中国人事出版社2005年版。

张文显：《法理学》，高等教育出版社2003年版。

章剑生：《现代行政程序的成因和功能分析》，《中国法学》2001年第1期。

章剑生：《行政程序的法律价值分析》，《法律科学》1994年第3期。

章征科：《坚持党的领导 建设法治政府》，《安徽日报》2014年11月3日第7版。

郑智航：《中国特色社会主义法律监督理论的主旨与内核》，《法制与社会发展》2014年第6期。

中共全国人大常委会机关党组：《在新的历史起点上坚持和完善人民代表大会制度——党的十八大以来人民代表大会制度建设的新理念新实践》，《中国人大》2017年第19期。

钟岩：《把"中国共产党领导是中国特色社会主义最本质的特征"载入宪法的理论、实践、制度依据》，《人民日报》2018年2月28日第1版。

周实、马野：《行政决策法律责任追究机制研究》，《国家行政学院学报》2011年第1期。

周叶中：《宪法》，高等教育出版社、北京大学出版社2005年版。

周叶中：《重大行政决策问责机制的构建》，《广东科学》2015年第2期。

周佑勇、李煜兴：《行政程序价值的反思与定位》，《法学杂志》2002年第3期。

朱海波：《地方政府重大行政决策程序立法及其完善》，《广东社会科学》2013 年第 4 期。

朱海波：《论中国行政决策程序中公众参与的理论脉络、宪法基础及立法原则》，《甘肃行政学院学报》2013 年第 2 期。

朱景文：《法理学》，中国人民大学出版社 2012 年版。

朱力宇、叶传星：《立法学》，中国人民大学出版社 2015 年版。

卓泽渊：《法的价值论》，法律出版社 1999 年版。

邹少平：《地方政府重大决策出台前向本级人大报告之探析》，《人大制度研究》2014 年第 7 期。

附录 1
重大行政决策程序暂行条例
（征求意见稿）

国务院法制办公室关于《重大行政决策程序暂行条例（征求意见稿）》公开征求意见的通知

为了推进行政决策科学化、民主化、法治化，保证决策质量，提高政府决策的公信力和执行力，国务院法制办公室起草了《重大行政决策程序暂行条例（征求意见稿）》。为了增强立法的公开性和透明度，提高立法质量，现将《重大行政决策程序暂行条例（征求意见稿）》及其说明全文公布，征求社会各界意见。现就有关事项通知如下：

有关单位和社会各界人士可以在 2017 年 7 月 8 日前，通过以下三种方式提出意见：

（一）登录中国政府法制信息网（http://www.chinalaw.gov.cn），通过网站首页左侧的"法规规章草案意见征集系统"，对征求意见稿提出意见。

（二）通过信函方式将意见寄至：北京 2067 信箱（邮政编码：100035），并请在信封上注明"重大行政决策程序暂行条例征求意见"字样。

（三）通过电子邮件方式将意见发送至：zdxzjccxzxtl@chinalaw.gov.cn。

国务院法制办公室
2017 年 6 月 9 日

重大行政决策程序暂行条例
（征求意见稿）

第一章 总 则

第一条 〔立法目的〕为了健全科学民主依法决策机制，规范重大行政决策行为，提高决策质量，保证决策效率，制定本条例。

第二条 〔主体适用范围〕县级以上地方人民政府（以下称决策机关）作出重大行政决策的程序，适用本条例。

县级以上人民政府部门、法律法规授权的具有管理公共事务职能的组织和乡级人民政府作出重大行政决策的程序，参照本条例的规定执行。

第三条 〔事项适用范围〕本条例所称重大行政决策包括以下事项：

（一）编制经济和社会发展等方面的重要规划；

（二）制定有关公共服务、市场监管、社会管理、环境保护等方面的重大公共政策和措施；

（三）制定开发利用、保护重要自然资源的重大公共政策和措施；

（四）决定在本行政区域实施的重大公共建设项目；

（五）决定对经济社会发展有重大影响、涉及重大公共利益或者社会公众切身利益的其他重大事项。

决策机关应当根据本条第一款规定，结合职责权限和本地实际，制定重大行政决策事项（以下称决策事项）的年度目录，并向社会公布。纳入目录的决策事项应当依照本条例规定作出决策。

法律、行政法规对本条第一款规定事项的决策程序另有规定的，依照其规定。

发生或者即将发生自然灾害、事故灾难、公共卫生事件或者社会安全事件等突发事件，行政机关采取应急措施的决策程序，适用有关法律、行政法规的规定。

第四条 〔科学决策原则〕作出重大行政决策应当遵循科学决策原则，树立创新、协调、绿色、开放、共享的发展理念，坚持从实际出发，运用科学方法，尊重客观规律，适应经济社会发展和全面深化改革要求。

第五条 〔民主决策原则〕作出重大行政决策应当遵循民主决策原则，坚持民主集中制，贯彻落实群众路线，充分听取社会各方面意见，保障人民群众通过多种途径参与决策。

第六条 〔依法决策原则〕作出重大行政决策应当遵循依法决策原则，坚持严格遵守法定权限，依法履行公众参与、专家论证、风险评估、合法性审查、集体讨论决定等程序，保证决策符合宪法和法律法规规定。

第七条 〔决策公开〕重大行政决策情况应当按照规定公开，接受社会监督，依法应当保密的除外。

第八条 〔人大监督〕重大行政决策情况依法接受本级人民代表大会及其常务委员会的监督。

第九条 〔考核评价〕科学、民主、依法决策情况应当作为政府领导班子和领导干部考核评价的重要内容。

第二章 决策动议

第十条 〔决策启动程序〕对各方面提出的决策事项建议，依照下列规定进行研究论证后，报请决策机关决定是否启动决策程序：

（一）决策机关领导人员提出决策事项建议的，交有关部门、机构研究论证；

（二）决策机关所属部门或者下一级人民政府提出决策事项建议，应当论证所要解决的主要问题、建议理由、法律法规政策依据、解决问题的初步方案及其必要性、可行性等；

（三）人大代表、政协委员等通过建议、提案等方式提出的决策事项建议，以及公民、法人、其他组织提出的书面决策事项建议，交有关单位研究论证。

第十一条 〔承办单位确定〕决定启动决策程序的，决策机关应当明确决策承办单位，负责决策事项的方案起草等工作。决策事项涉及两个以上单位职责的，应当明确牵头承办单位。

第十二条 〔决策草案拟订〕拟订决策草案，决策承办单位应当广泛深入开展调查研究，全面准确掌握有关信息，根据需要听取有关人大代表、政协委员、人民团体、基层组织、社会组织等方面的意见。

决策承办单位应当全面梳理与决策事项有关的法律法规规章和政策，研究论证决策草案涉及的合法性问题以及与现有相关政策之间的协调、衔接问题。

决策承办单位根据需要对决策事项进行成本效益分析，对人力物力财力投入、资源消耗、环境损害、维护稳定等成本和经济、社会、环境等效益进行分析预测。

各方面意见分歧较大的，决策承办单位应当拟订两个以上备选方案。

第十三条 〔征求有关单位意见〕决策事项涉及本级人民政府有关部门、下一级人民政府等单位的职责，或者与其关系紧密的，决策承办单位应当与其充分协商；不能取得一致意见的，应当向决策机关说明争议的主要问题、有关单位的意见、决策承办单位的意见和理由、依据。

第三章 公众参与

第十四条 〔公众参与条件和方式〕除依法应当保密的外，涉及社会公众切身利益或者对其权利义务有重大影响的决策事项，决策承办单位应当采取便于社会公众参与的方式广泛听取意见。

听取意见可以采取向社会公开征求意见、举行听证会、召开座谈会、书面征求意见、问卷调查、民意调查、实地走访等多种方式。

第十五条 〔信息发布和交流互动〕对社会关注度高的决策事项，决策承办单位应当及时、准确发布有关信息，并可以通过新闻发布会、媒体访谈、专家解读等方式进行解释说明。

县级以上地方各级人民政府应当加强公众参与平台建设，集中发布信息、征求意见、反馈情况，充分利用政府网站、社交媒体、移动互联网等信息网络拓展公众参与渠道，增强与社会公众的交流和互动。

第十六条 〔向社会公开征求意见〕决策事项向社会公开征求意见的，决策承办单位应当通过政府网站、新闻发布会以及报刊、广播、电视等便于社会公众知晓的方式，公布决策草案及其说明等材料，明确提出意见的方式和期限。

公开征求意见期限一般不得少于 30 日。因情况紧急等需要缩短期限的，公开征求意见时应当予以说明。

第十七条 〔听证会准备程序〕除法律、法规、规章规定应当听证的外，对存在重大意见分歧或者拟对社会公众权利义务作出重大调整的决策事项，可以召开听证会，听取各方面意见。决策承办单位或者决策机关指定的有关单位应当提前公布听证事项、时间、地点等信息和决策草案及其说明等材料，便于社会公众了解有关情况。

需要遴选听证参加人的，决策承办单位或者决策机关指定的有关单位应当公平公开组织遴选，保证各方利害关系人都有代表参加听证会，利害关系人代表不少于听证参加人总数的二分之一。听证参加人名单应当提前向社会公布。

第十八条 〔听证会程序〕听证会应当依照以下程序公开举行：

（一）决策承办单位介绍决策草案、依据、理由和有关情况。

（二）听证参加人陈述意见，进行询问、质证和辩论。必要时，可以由决策承办单位或者有关专家解释说明。

（三）听证组织单位制作笔录，如实记录听证参加人的意见，并经听证参加人签字确认。

第十九条 〔听取意见的后续处理〕决策承办单位应当对社会各方面提出的意见进行归纳整理、认真研究，对合理意见应当采纳。社会各方面意见有重大分歧的，决策承办单位应当进一步研究论证，完善决策草案。

对社会各方面提出的主要意见及其研究处理情况、理由，应当及时公开反馈。

第四章　专家论证

第二十条 〔论证内容和工作要求〕专业性、技术性较强的决策事项，需要进行专家论证的，决策承办单位应当组织专家、专业机构论证必要性、可行性、科学性等。

专家、专业机构应当独立开展论证工作，客观、公正、科学地提出论证意见，并对所知悉的国家秘密、商业秘密依法承担保密义务；提供书面论证意见的，应当署名、盖章。

对论证意见的研究处理情况和理由，应当向提出论证意见的专家、专业机构反馈。

第二十一条 〔论证方式和工作机制〕决策承办单位组织专家论证，可以采取论证会、书面咨询、委托咨询论证等方式。

选择专家、专业机构应当注重专业性、代表性。对论证问题存在重大分歧的，持不同意见的各方都应当有代表参与论证。不得选择与决策事项有直接利害关系的专家、专业机构。

决策承办单位应当公开专家、专业机构有关信息。

第二十二条 〔专家库制度〕省、自治区、直辖市人民政府应当建立决策咨询论证专家库，规范专家库运行管理、诚信考核和退出机制。

有条件的设区的市级人民政府和县级人民政府根据需要建立决策咨询论证专家库。

决策机关没有建立专家库的，可以使用上级行政机关的专家库。

第五章 风险评估

第二十三条 〔风险评估内容〕重大行政决策的实施可能对生态环境、社会稳定等方面造成不利影响的，决策承办单位或者决策机关指定的有关单位应当组织对决策草案的可靠性和风险可控性进行评估。

依照有关法律法规等已对有关风险进行评价、评估的，不作重复评估。

第二十四条 〔风险评估工作机制〕进行风险评估，可以通过舆情跟踪、抽样调查、重点走访、会商分析等方式，全面查找风险源、风险点，运用定性分析与定量分析等方法，对决策风险进行科学预测、综合研判。进行风险评估，应当听取有关部门的意见，形成风险评估报告，确定风险等级，提出风险防范措施和处置预案。

决策承办单位或者决策机关指定的有关单位根据需要可以引入社会组织、专业机构等开展第三方评估。

第二十五条 〔风险评估结果运用〕风险评估结果应当作为重大行政决策的重要依据。决策机关认为风险可控的，可以作出决策；认为风险不可控的，不得作出决策，或者应当调整决策草案，在确保风险可控后再行决策。

第六章 合法性审查

第二十六条 〔合法性审查作为必经程序〕决策事项在提交决策机关讨论前，应当由决策机关法制机构进行合法性审查。不得以征求意见等方式替代合法性审查。

决策事项未经合法性审查，或者经审查不合法的，不得提交决策机关讨论。

决策机关法制机构进行合法性审查，应当充分发挥政府法律顾问、公职律师的作用。

第二十七条 〔合法性审查材料及时间要求〕送请合法性审查，应当提供决策草案及相关材料，包括有关法律法规规章依据及研究论证意见、履行决策法定程序的情况等。提供材料不符合要求的，法制机构可以要求补充或者退回。

送请合法性审查，应当保证必要的审查时间，一般不得少于 10 日。

第二十八条 〔合法性审查内容〕合法性审查内容包括：

（一）决策事项是否符合决策机关的法定权限；

（二）决策程序是否符合法定程序；

（三）决策内容是否符合有关法律法规规章。

第二十九条 〔提出合法性审查意见及其后续处理〕决策机关法制机构依据本条例第二十八条规定进行合法性审查，出具审查意见。决策承办单位应当根据合法性审查意见作出适当调整和补充。

第七章 集体讨论决定

第三十条 〔提交讨论需要报送的材料〕提交决策机关讨论决策事项，应当报送下列材料：

（一）决策草案及相关材料；

（二）进行公众参与的，同时报送社会公众提出的主要意见、意见处理情况和理由的说明；

（三）进行专家论证的，同时报送专家论证意见、意见处理情况和理由的说明；

（四）进行风险评估的，同时报送风险评估有关材料；

（五）合法性审查意见；

（六）需要报送的其他材料。

第三十一条 〔集体讨论决定〕决策事项应当经决策机关常务会议或者全体会议讨论，由行政首长在集体讨论基础上作出决定。

讨论决策事项，应当保证会议组成人员充分发表意见，行政首长最后发表意见。行政首长拟作出的决定与出席的会议组成人员多数人的意见不一致的，应当在会上说明理由。

会议组成人员的意见、会议讨论情况和决定应当如实记录，对不同意见应当予以载明。

第三十二条 〔决策公布〕决策机关应当通过政府公报、政府网站、新闻发布会以及报刊、广播、电视等便于社会公众知晓的方式及时公布决策结果及依据，依法应当保密的除外。

第三十三条　〔决策归档制度〕决策机关应当建立决策档案制度，由有关单位将履行决策程序形成的有关材料及时完整归档。

第八章　决策执行

第三十四条　〔决策执行单位职责〕决策机关应当明确决策执行单位。决策执行单位应当全面、及时、正确执行决策，并向决策机关报告执行情况。决策机关对决策执行情况进行督促检查。

依法作出的重大行政决策，未经法定程序不得随意变更、中止或者停止执行。

第三十五条　〔决策执行中的问题反馈〕决策执行单位发现决策存在问题，客观情况发生重大变化，或者决策执行中发生不可抗力等严重影响决策目标实现的，应当及时向决策机关报告。

决策机关或者决策执行单位应当按照规定公开重大行政决策执行的有关情况。公民、法人和其他组织认为重大行政决策及其实施存在问题的，可以通过信件、电话、电子邮件等方式向决策机关或者决策执行单位提出意见建议。

第三十六条　〔决策后评估〕重大行政决策实施明显未达到预期效果，或者公民、法人和其他组织对决策实施提出较多意见的，决策机关可以组织决策后评估，并确定承担评估具体工作的单位。

承担评估具体工作的单位应当充分听取社会公众特别是利害关系人的意见；吸收人大代表、政协委员、人民团体、基层组织、社会组织参与评估，并可以委托社会组织、专业机构等开展第三方评估。

决策作出前承担主要论证评估工作的专家、专业机构和社会组织等，一般不得参加决策后评估。

决策后评估结果应当作为调整重大行政决策的重要依据。

第三十七条　〔决策调整程序〕决策机关对在本行政区域实施的重大公共建设项目等决策拟作重大调整的，应当重新履行相关程序。情况紧急的，行政首长可以决定中止执行决策。

第九章　法律责任

第三十八条　〔决策机关的法律责任〕决策机关违反本条例的，由上一级行政机关责令改正。

决策机关违反本条例规定，造成决策严重失误或者依法应当作出决策而久拖不决，造成重大损失、恶劣影响的，对行政首长、负有责任的其他领导人员和直接责任人员，依法依规给予处分。

第三十九条　〔决策承办单位等单位的法律责任〕决策承办单位或者承担决策有关工作的单位违反本条例的，由决策机关责令改正，对负有责任的领导人员和直接责任人员依法依规给予处分。

第四十条　〔决策执行单位的法律责任〕决策执行单位拒不执行、推诿执行、拖延执行重大行政决策，执行偏离决策方案，或者有其他违反本条例的行为，导致决策不能全面、及时、正确实施的，由决策机关责令改正，对负有责任的领导人员和直接责任人员依法依规给予处分。

第四十一条　〔刑事责任〕本条例第三十八条、第三十九条、第四十条规定的有关单位工作人员玩忽职守、滥用职权、徇私舞弊，构成犯罪的，依法追究刑事责任。

第四十二条　〔参与决策的有关主体的法律责任〕参与决策过程的专家、专业机构、社会组织等违反职业道德和本条例规定的，予以通报；造成严重后果的，依法承担法律责任。

第十章　附则

第四十三条　〔制定配套制度〕省、自治区、直辖市人民政府和国务院部门根据本条例的规定，制定具体规定。

第四十四条　〔施行日期〕本条例自　年　月　日起施行。

关于《重大行政决策程序暂行条例（征求意见稿）》的说明

为了深入贯彻党的十八大和十八届二中、三中、四中、五中、六中全会精神，推进行政决策科学化、民主化、法治化，国务院法制办公室在广泛调查研究、认真总结实践经验的基础上，起草了《重大行政决策程序暂行条例（征求意见稿）》（以下简称征求意见稿）。现就几个主要问题说明如下：

一、关于制定《重大行政决策程序暂行条例》的必要性

决策是行政权力运行的起点。规范决策行为特别是重大行政决策行为，是规范行政权力的重点，也是法治政府建设的重点。目前，我国已有17个省级政府和23个较大的市政府出台了规范重大行政决策程序的规章。近年来，各级行政机关科学民主依法决策机制不断完善，各级领导干部决策能力水平不断提高。与此同时，实践中也存在一些突出问题：有的决策尊重客观规律不够，听取群众意见不充分，乱决策、违法决策、专断决策、拍脑袋决策、应决策而久拖不决等问题比较突出，一些关系国计民生的重大项目因群众不理解、不支持而不能出台，或者决策后遇到反对就匆匆下马的情况时有发生，既给国家和人民造成重大损失，也严重影响政府公信力和执行力。为落实健全依法决策机制，推进行政决策科学化、民主化、法治化，提高决策质量，增强社会对重大行政决策的理解和支持，有必要认真总结经验教训，制定一部规范重大行政决策程序的行政法规。

二、起草思路和主要过程

按照党中央、国务院关于规范重大行政决策程序、健全依法决策机制的部署，法制办在起草过程中把握了以下思路：一是将科学民主依法原则贯穿于决策全过程。坚持科学民主依法决策是决策机制和程序的内核，征求意见稿将其贯穿于决策动议、研拟方案、合法性审查、审议决定、决策执行与调整等决策全过程，通过规范决策过程来提高决策质量和群众认可度，保障依法作出的决策得到有效执行。二是立足实际，健全决策法定程序。针对实践突出问题和依法行政实际，稳妥把握现阶段程序繁简、标准严宽、制度刚柔的平衡点，合理确定公众参与、专家论证、风险评估的适用条件，要求所有重大行政决策都要进行合法性审查和集体讨论决定，明确决策机关应当坚守的制度底线。三是保持制度设计的适度弹性。对需要"因地制宜"的事项，允许决策机关探索、细化；对需要"因事制宜"的程序环节，为相关法律、行政法规另行制定具体要求留够空间。

自条例起草工作启动以来，法制办围绕重大行政决策事项范围、法定程序等重点难点问题，运用多种方式开展立法调研，多次召开立法座谈会，赴东中西部共12个省份开展专题调研，深入了解省市县各级政府决策工作实际，坚持问题导向，注重管用可行，充分吸收地方成熟经验做法，先后2次送中央和国务院有关部门、各省（自治区、直辖市）及有关市县

政府等100多家单位书面征求意见。在此基础上,形成了《重大行政决策程序暂行条例(征求意见稿)》。

三、征求意见稿的主要内容

征求意见稿分为10章,共44条。除总则、决策动议、决策执行、法律责任和附则外,将公众参与、专家论证、风险评估、合法性审查和集体讨论决定分别作为专章予以规定。

(一)关于决策事项范围。考虑到各地区发展不平衡,省市县各级政府决策的影响面和侧重点各有不同,征求意见稿按照突出针对性、具备可行性、保留灵活性、提高透明度的原则,在采取"列举+兜底"方式规定重大行政决策事项范围的基础上,要求各级地方政府结合职责权限和本地实际,制定重大行政决策事项年度目录,并向社会公布(第三条)。

(二)关于决策动议。为了遏制草率启动决策,减少折腾浪费,征求意见稿规定,对各方面提出的决策建议都要进行充分研究论证,由决策机关决定是否启动决策程序(第十条)。

(三)关于公众参与。为突出公众参与重点,征求意见稿规定,除依法应当保密的外,涉及社会公众切身利益或者对其权利义务有重大影响的决策事项应当广泛听取意见(第十四条第一款)。为提高公众参与实效,征求意见稿明确了向社会公开征求意见和举行听证会等的基本要求(第十六、第十七、第十八条);注重决策过程中的信息发布和互动交流,规范听取意见的后续处理和公开反馈(第十五、第十九条)。

(四)关于专家论证。征求意见稿规定,专业性、技术性较强的决策事项,需要进行专家论证的,应当组织论证其必要性、可行性、科学性等(第二十条第一款)。为提高专家论证质量,征求意见稿规定:一是对论证意见的研究处理情况和理由应当反馈(第二十条第三款);二是选择专家、专业机构应当注重专业性、代表性,不得选择有直接利害关系的专家、专业机构,应当公开专家、专业机构有关信息(第二十一条);三是省、自治区、直辖市人民政府应当建立专家库(第二十二条)。

(五)关于风险评估。征求意见稿规定,重大行政决策的实施可能对生态环境、社会稳定等方面造成不利影响的,应当开展风险评估(第二十三条第一款)。为有效防范决策风险,征求意见稿要求把风险评估结果作为决策重要依据,经评估认为风险不可控的,不得决策,或者调整决策草案、确保风险可控后再行决策(第二十五条)。

（六）关于合法性审查。征求意见稿明确合法性审查为决策必经程序，规定未经合法性审查，或者经审查不合法的，不得提交决策机关讨论（第二十六条第一、第二款）。为保证合法性审查质量，规定应当充分发挥政府法律顾问、公职律师的作用（第二十六条第三款），并提供必要的材料和时间保障（第二十七条）。

（七）关于集体讨论决定。征求意见稿明确集体讨论决定为决策必经程序，并坚持行政首长负责制，规定：决策事项应当经决策机关常务会议或者全体会议讨论，由行政首长在集体讨论基础上作出决定（第三十一条第一款）。为防止一把手搞"一言堂"，征求意见稿规定：行政首长最后发表意见；行政首长拟作出的决定与出席的会议组成人员多数人的意见不一致的，应当在会上说明理由；会议讨论情况和决定应当如实记录（第三十一条第二、第三款）。

（八）关于决策执行与后评估。为保证决策执行效果、健全决策后评估和纠错机制，一是规定了决策执行中的问题反馈机制和决策后评估制度（第三十五、第三十六条）。二是严格规范决策调整，明确依法作出的重大行政决策，未经法定程序不得随意变更、中止或者停止执行；重大公共建设项目等决策拟作重大调整的，应当重新履行相关程序（第三十四条第二款、第三十七条）。

（九）关于法律责任。为落实决策程序制度的刚性约束，征求意见稿对决策机关、决策承办单位和承担决策有关工作的单位、决策执行单位、参与决策的专家专业机构等参与决策的各类主体，分别规定了相应的法律责任（第九章）。

附录2
重大行政决策程序暂行条例

中华人民共和国国务院令
第713号

现公布《重大行政决策程序暂行条例》，自2019年9月1日起施行。

总　理　李克强

2019年4月20日

第一章　总　　则

第一条　为了健全科学、民主、依法决策机制，规范重大行政决策程序，提高决策质量和效率，明确决策责任，根据宪法、地方各级人民代表大会和地方各级人民政府组织法等规定，制定本条例。

第二条　县级以上地方人民政府（以下称决策机关）重大行政决策的作出和调整程序，适用本条例。

第三条　本条例所称重大行政决策事项（以下简称决策事项）包括：

（一）制定有关公共服务、市场监管、社会管理、环境保护等方面的重大公共政策和措施；

（二）制定经济和社会发展等方面的重要规划；

（三）制定开发利用、保护重要自然资源和文化资源的重大公共政策和措施；

（四）决定在本行政区域实施的重大公共建设项目；

（五）决定对经济社会发展有重大影响、涉及重大公共利益或者社会公众切身利益的其他重大事项。

法律、行政法规对本条第一款规定事项的决策程序另有规定的，依照其规定。财政政策、货币政策等宏观调控决策，政府立法决策以及突发事件应急处置决策不适用本条例。

决策机关可以根据本条第一款的规定，结合职责权限和本地实际，确定决策事项目录、标准，经同级党委同意后向社会公布，并根据实际情况调整。

第四条 重大行政决策必须坚持和加强党的全面领导，全面贯彻党的路线方针政策和决策部署，发挥党的领导核心作用，把党的领导贯彻到重大行政决策全过程。

第五条 作出重大行政决策应当遵循科学决策原则，贯彻创新、协调、绿色、开放、共享的发展理念，坚持从实际出发，运用科学技术和方法，尊重客观规律，适应经济社会发展和全面深化改革要求。

第六条 作出重大行政决策应当遵循民主决策原则，充分听取各方面意见，保障人民群众通过多种途径和形式参与决策。

第七条 作出重大行政决策应当遵循依法决策原则，严格遵守法定权限，依法履行法定程序，保证决策内容符合法律、法规和规章等规定。

第八条 重大行政决策依法接受本级人民代表大会及其常务委员会的监督，根据法律、法规规定属于本级人民代表大会及其常务委员会讨论决定的重大事项范围或者应当在出台前向本级人民代表大会常务委员会报告的，按照有关规定办理。

上级行政机关应当加强对下级行政机关重大行政决策的监督。审计机关按照规定对重大行政决策进行监督。

第九条 重大行政决策情况应当作为考核评价决策机关及其领导人员的重要内容。

第二章 决策草案的形成

第一节 决策启动

第十条 对各方面提出的决策事项建议，按照下列规定进行研究论证后，报请决策机关决定是否启动决策程序：

（一）决策机关领导人员提出决策事项建议的，交有关单位研究论证；

（二）决策机关所属部门或者下一级人民政府提出决策事项建议的，应当论证拟解决的主要问题、建议理由和依据、解决问题的初步方案及其必要性、可行性等；

（三）人大代表、政协委员等通过建议、提案等方式提出决策事项建议，以及公民、法人或者其他组织提出书面决策事项建议的，交有关单位研究论证。

第十一条　决策机关决定启动决策程序的，应当明确决策事项的承办单位（以下简称决策承办单位），由决策承办单位负责重大行政决策草案的拟订等工作。决策事项需要两个以上单位承办的，应当明确牵头的决策承办单位。

第十二条　决策承办单位应当在广泛深入开展调查研究、全面准确掌握有关信息、充分协商协调的基础上，拟订决策草案。

决策承办单位应当全面梳理与决策事项有关的法律、法规、规章和政策，使决策草案合法合规、与有关政策相衔接。

决策承办单位根据需要对决策事项涉及的人财物投入、资源消耗、环境影响等成本和经济、社会、环境效益进行分析预测。

有关方面对决策事项存在较大分歧的，决策承办单位可以提出两个以上方案。

第十三条　决策事项涉及决策机关所属部门、下一级人民政府等单位的职责，或者与其关系紧密的，决策承办单位应当与其充分协商；不能取得一致意见的，应当向决策机关说明争议的主要问题，有关单位的意见，决策承办单位的意见、理由和依据。

第二节　公众参与

第十四条　决策承办单位应当采取便于社会公众参与的方式充分听取意见，依法不予公开的决策事项除外。

听取意见可以采取座谈会、听证会、实地走访、书面征求意见、向社会公开征求意见、问卷调查、民意调查等多种方式。

决策事项涉及特定群体利益的，决策承办单位应当与相关人民团体、社会组织以及群众代表进行沟通协商，充分听取相关群体的意见建议。

第十五条　决策事项向社会公开征求意见的，决策承办单位应当通过政府网站、政务新媒体以及报刊、广播、电视等便于社会公众知晓的途径，公布决策草案及其说明等材料，明确提出意见的方式和期限。公开征求意见的期限一般不少于30日；因情况紧急等原因需要缩短期限的，公开征求意见时应当予以说明。

对社会公众普遍关心或者专业性、技术性较强的问题，决策承办单位可以通过专家访谈等方式进行解释说明。

第十六条 决策事项直接涉及公民、法人、其他组织切身利益或者存在较大分歧的，可以召开听证会。法律、法规、规章对召开听证会另有规定的，依照其规定。

决策承办单位或者组织听证会的其他单位应当提前公布决策草案及其说明等材料，明确听证时间、地点等信息。

需要遴选听证参加人的，决策承办单位或者组织听证会的其他单位应当提前公布听证参加人遴选办法，公平公开组织遴选，保证相关各方都有代表参加听证会。听证参加人名单应当提前向社会公布。听证会材料应当于召开听证会7日前送达听证参加人。

第十七条 听证会应当按照下列程序公开举行：

（一）决策承办单位介绍决策草案、依据和有关情况；

（二）听证参加人陈述意见，进行询问、质证和辩论，必要时可以由决策承办单位或者有关专家进行解释说明；

（三）听证参加人确认听证会记录并签字。

第十八条 决策承办单位应当对社会各方面提出的意见进行归纳整理、研究论证，充分采纳合理意见，完善决策草案。

第三节 专家论证

第十九条 对专业性、技术性较强的决策事项，决策承办单位应当组织专家、专业机构论证其必要性、可行性、科学性等，并提供必要保障。

专家、专业机构应当独立开展论证工作，客观、公正、科学地提出论证意见，并对所知悉的国家秘密、商业秘密、个人隐私依法履行保密义务；提供书面论证意见的，应当署名、盖章。

第二十条 决策承办单位组织专家论证，可以采取论证会、书面咨询、委托咨询论证等方式。选择专家、专业机构参与论证，应当坚持专业性、代表性和中立性，注重选择持不同意见的专家、专业机构，不得选择与决策事项有直接利害关系的专家、专业机构。

第二十一条 省、自治区、直辖市人民政府应当建立决策咨询论证专家库，规范专家库运行管理制度，健全专家诚信考核和退出机制。

市、县级人民政府可以根据需要建立决策咨询论证专家库。

决策机关没有建立决策咨询论证专家库的，可以使用上级行政机关的专家库。

第四节 风险评估

第二十二条 重大行政决策的实施可能对社会稳定、公共安全等方面造成不利影响的，决策承办单位或者负责风险评估工作的其他单位应当组织评估决策草案的风险可控性。

按照有关规定已对有关风险进行评价、评估的，不作重复评估。

第二十三条 开展风险评估，可以通过舆情跟踪、重点走访、会商分析等方式，运用定性分析与定量分析等方法，对决策实施的风险进行科学预测、综合研判。

开展风险评估，应当听取有关部门的意见，形成风险评估报告，明确风险点，提出风险防范措施和处置预案。

开展风险评估，可以委托专业机构、社会组织等第三方进行。

第二十四条 风险评估结果应当作为重大行政决策的重要依据。决策机关认为风险可控的，可以作出决策；认为风险不可控的，在采取调整决策草案等措施确保风险可控后，可以作出决策。

第三章 合法性审查和集体讨论决定

第一节 合法性审查

第二十五条 决策草案提交决策机关讨论前，应当由负责合法性审查的部门进行合法性审查。不得以征求意见等方式代替合法性审查。

决策草案未经合法性审查或者经审查不合法的，不得提交决策机关讨论。对国家尚无明确规定的探索性改革决策事项，可以明示法律风险，提交决策机关讨论。

第二十六条 送请合法性审查，应当提供决策草案及相关材料，包括有关法律、法规、规章等依据和履行决策法定程序的说明等。提供的材料不符合要求的，负责合法性审查的部门可以退回，或者要求补充。

送请合法性审查，应当保证必要的审查时间，一般不少于7个工作日。

第二十七条 合法性审查的内容包括：

（一）决策事项是否符合法定权限；

（二）决策草案的形成是否履行相关法定程序；

（三）决策草案内容是否符合有关法律、法规、规章和国家政策的规定。

第二十八条 负责合法性审查的部门应当及时提出合法性审查意见，并对合法性审查意见负责。在合法性审查过程中，应当组织法律顾问、公职律师提出法律意见。决策承办单位根据合法性审查意见进行必要的调整或者补充。

第二节 集体讨论决定和决策公布

第二十九条 决策承办单位提交决策机关讨论决策草案，应当报送下列材料：

（一）决策草案及相关材料，决策草案涉及市场主体经济活动的，应当包含公平竞争审查的有关情况；

（二）履行公众参与程序的，同时报送社会公众提出的主要意见的研究采纳情况；

（三）履行专家论证程序的，同时报送专家论证意见的研究采纳情况；

（四）履行风险评估程序的，同时报送风险评估报告等有关材料；

（五）合法性审查意见；

（六）需要报送的其他材料。

第三十条 决策草案应当经决策机关常务会议或者全体会议讨论。决策机关行政首长在集体讨论的基础上作出决定。

讨论决策草案，会议组成人员应当充分发表意见，行政首长最后发表意见。行政首长拟作出的决定与会议组成人员多数人的意见不一致的，应当在会上说明理由。

集体讨论决定情况应当如实记录，不同意见应当如实载明。

第三十一条 重大行政决策出台前应当按照规定向同级党委请示报告。

第三十二条 决策机关应当通过本级人民政府公报和政府网站以及在

本行政区域内发行的报纸等途径及时公布重大行政决策。对社会公众普遍关心或者专业性、技术性较强的重大行政决策，应当说明公众意见、专家论证意见的采纳情况，通过新闻发布会、接受访谈等方式进行宣传解读。依法不予公开的除外。

第三十三条 决策机关应当建立重大行政决策过程记录和材料归档制度，由有关单位将履行决策程序形成的记录、材料及时完整归档。

第四章 决策执行和调整

第三十四条 决策机关应当明确负责重大行政决策执行工作的单位（以下简称决策执行单位），并对决策执行情况进行督促检查。决策执行单位应当依法全面、及时、正确执行重大行政决策，并向决策机关报告决策执行情况。

第三十五条 决策执行单位发现重大行政决策存在问题、客观情况发生重大变化，或者决策执行中发生不可抗力等严重影响决策目标实现的，应当及时向决策机关报告。

公民、法人或者其他组织认为重大行政决策及其实施存在问题的，可以通过信件、电话、电子邮件等方式向决策机关或者决策执行单位提出意见建议。

第三十六条 有下列情形之一的，决策机关可以组织决策后评估，并确定承担评估具体工作的单位：

（一）重大行政决策实施后明显未达到预期效果；

（二）公民、法人或者其他组织提出较多意见；

（三）决策机关认为有必要。

开展决策后评估，可以委托专业机构、社会组织等第三方进行，决策作出前承担主要论证评估工作的单位除外。

开展决策后评估，应当注重听取社会公众的意见，吸收人大代表、政协委员、人民团体、基层组织、社会组织参与评估。

决策后评估结果应当作为调整重大行政决策的重要依据。

第三十七条 依法作出的重大行政决策，未经法定程序不得随意变更或者停止执行；执行中出现本条例第三十五条规定的情形、情况紧急的，决策机关行政首长可以先决定中止执行；需要作出重大调整的，应当依照本条例履行相关法定程序。

第五章 法律责任

第三十八条 决策机关违反本条例规定的，由上一级行政机关责令改正，对决策机关行政首长、负有责任的其他领导人员和直接责任人员依法追究责任。

决策机关违反本条例规定造成决策严重失误，或者依法应当及时作出决策而久拖不决，造成重大损失、恶劣影响的，应当倒查责任，实行终身责任追究，对决策机关行政首长、负有责任的其他领导人员和直接责任人员依法追究责任。

决策机关集体讨论决策草案时，有关人员对严重失误的决策表示不同意见的，按照规定减免责任。

第三十九条 决策承办单位或者承担决策有关工作的单位未按照本条例规定履行决策程序或者履行决策程序时失职渎职、弄虚作假的，由决策机关责令改正，对负有责任的领导人员和直接责任人员依法追究责任。

第四十条 决策执行单位拒不执行、推诿执行、拖延执行重大行政决策，或者对执行中发现的重大问题瞒报、谎报或者漏报的，由决策机关责令改正，对负有责任的领导人员和直接责任人员依法追究责任。

第四十一条 承担论证评估工作的专家、专业机构、社会组织等违反职业道德和本条例规定的，予以通报批评、责令限期整改；造成严重后果的，取消评估资格、承担相应责任。

第六章 附 则

第四十二条 县级以上人民政府部门和乡级人民政府重大行政决策的作出和调整程序，参照本条例规定执行。

第四十三条 省、自治区、直辖市人民政府根据本条例制定本行政区域重大行政决策程序的具体制度。

国务院有关部门参照本条例规定，制定本部门重大行政决策程序的具体制度。

第四十四条 本条例自 2019 年 9 月 1 日起施行。

后 记

在凉风习习,天高云淡的秋季来临之时,持续几个月的写作已经接近尾声,回忆这段特别的时光,感觉有太多的专注,精神上有愉悦,也有压抑,在愉悦和压抑的交替中,一遍遍对写作问题的思考,令我感受颇多。

法治化是一个令人兴奋的话题,但却是一个艰难而漫长的过程。西方国家法治化在社会自然演进的发展过程中,时间是以百年为单位计算的,以商品经济发展为内生动力,以在经济发展基础上形成的政治文化和社会文化为依托。中国近代的发展远远落后于西方国家,已经丧失了社会自然演进发展的机会,在内外压力之下,中国走上了一条政府推进型的法治化道路。在市场经济的发展还不充分,政治文化和社会文化的发展还没有做好准备的情况下,政府推进的法治化大潮已经冲击着传统观念和国家、社会生活的方方面面。中国要在当今世界立足,法治现代化不可或缺。

从 20 世纪 70 年代末开始的中国改革开放,拉开了中国法治现代化发展的序幕,迄今为止只能以 10 年为单位计算,40 年弹指一挥间。中国的法治化进程进入了快车道,法治化建设取得了举世瞩目的成就。这期间发生了多少可圈可点的事情,我一次次阅读那些推动中国法治化进程的历史性文件,感受到的是中国人实现法治现代化的艰苦努力和坚定信心;一次次采集中国法治化发展实践中的一个个立法实例,感受到的是中国人在法治化道路上的励精图治和孜孜不倦;回顾中国法治化发展的一个个历史瞬间,感受到的是其中的艰难曲折和来之不易。我的思想在中国法治化的历史进程中徜徉,我在其中集聚着内心的力量,为推进中国法治现代化进程义不容辞,应尽绵薄之力。

本书的写作以"重大行政决策监督法治化研究"为题,从监督角度探究了重大行政决策法治化问题。在中国共产党的领导下的我国改革开放进程中,政府运用行政决策的方式形成的推动力作用于国家和社会生活的方方面面，一系列关系国计民生、经济社会进步的重大举措通过行政决策的方式得以实施。极大地促进了经济社会的转型与发展，全方位对外开放稳步推进，改革的领域不断拓展。对重大行政决策监督法治化的研究，有助于认识重大行政决策规范运作的规律，促进其功能的充分发挥。中国的法治现代化进程的推进依然任重而道远，我愿为此而不懈努力，艰难跋涉！